バカでもなれる
経営コンサルの条件
地方都市なら年収2000万も夢じゃない!

経営コンサルタント／中小企業診断士
野口誠司

現代書林

はじめに

いま、この本を手に取ってくださったあなたは、経営コンサルタントとして独立開業するという目標の途上にあるビジネスマンですか？

それとも、大手コンサル会社への就職を目指して希望に燃えている若者でしょうか？

いずれにしても、最初にお断りしておきたいのですが、本書はトップコンサルタントになるためのノウハウを示した手引書ではありません。ましてや、大仰な成功哲学を指南するようなサクセスストーリーでもありません。

あえて言えば、地方で開業する無名の経営コンサルタントが独立独歩でたどり着いた、多少出来が悪くてもプロとして食べていけるようになるための実践的ヒント集とでもいったところでしょうか。

さて、私は現在、九州・福岡の地で経営コンサルタント（以下、コンサルと略）・中小企業診断士として、主に中小零細企業（以下、中小企業）をクライアントとした仕事をしています。また、経営者向けなどの講演やセミナーの講師としても活動しています。

事業所の名称は「ヒューマン・トレジャー・ネット・コンサルツ」。私自身のモットーである「人とのつながりが財産である」という意味を込めています。

私がこれまで歩いてきた道は決して平坦なものではなく、まさに山あり谷ありでした。私は社会人としての第一歩をメガバンクの銀行員としてスタートしました。そこで多くの挫折を経験し、〝半沢直樹〟ばりの辛酸もなめ、その後もあちこち脇道に逸れながら現在地点にたどり着きました。

つまり、コンサルのメインストリームを歩いてきた人間ではありません。むしろ、きわめて変則的なレアケースです。

ですから、都会で独立開業し、大企業を相手に華々しい仕事をしていきたいと思っている人や、マッキンゼー・アンド・カンパニーやデロイト・トーマツ・コンサルティングなどをはじめとする大手コンサル会社を目指す人にとっては、私の話は参考にならないかもしれません。

そもそも、コンサル、コンサルと連呼しておきながら何だという話ですが、私は〝経営コンサルタント〟という呼称が好きではありません。どこか胡散臭くて、いかがわしいイメージがあるからです。

なぜ、コンサルタントという言葉にはそんな怪しい感じがつきまとうのでしょう？

それは、高飛車な態度で相手を見下したり、コンサルタントと言いながら偏った持論を押しつけたり、口先だけで仕事をしているような人々を想像してしまうからではないでしょうか。だから、何となく信用できないのです。

コンサルの仕事の基本は何だと思いますか？

当たり前のことですが、「クライアントの信頼を得る」ということです。

そのためには、とくに私のように中小企業とつき合うコンサルは、上から目線で接したのでは絶対に相手から信用されません。それはイコール、この社会では通用しないということです。

ひと口にコンサルと言っても、その内実はさまざま。仕事のタイプや規模の違いもあれば、都会と地方の差もあります。

でも、どんなコンサルにも共通する、成功するための必須の資質があります。

それは、ひと言で言えば「人間力」です──。

もちろん、幅広い知識や論理的思考力、プレゼンテーションスキルなど、身につけなければならないことはたくさんあります。しかし、それはその人の根っこにある人間性に裏打ちされたものでなければ、まったく意味がありません。

支援する側の私たちに人間的な魅力がなければ、危機的状況に陥って必死でもがいている企業の経営者は決して心を開いてはくれません。偉そうにして、カッコつけていても足元を見透かされてしまうのです。

実は、私は独立直前までコンサルとして開業する気はまったくありませんでした。回り道の果てに成り行きでコンサルになり、お客さんに恵まれて何とか生計を立てることができている。すべては〝たまたま〟なのです。

いま振り返って思いますが、まったくもって、人生、何が起こるかわかりません。でも、だからこそ面白い！　そして、失敗も無駄ではなかったのでしょう。

あえて失敗しろとは言いません。ただ、私のようなバカでも、挫折して社会の傍流に追いやられた人間でも、うまくやればコンサルとして食べていくことができるし、楽しく仕事をして生きていくことができるのです。

ぜひ、多くの人がそのことに気づいてほしい。そう考えて重い筆を執りました。

本書では、コンサルに求められる「人間力とは何か?」ということを中心に据えて、いろいろな角度からお話していきたいと思います。

あなたの未来の成功のために、ほんの少しだけでもヒントを提示できれば幸いです。

目次
CONTENTS

第2章

経営コンサルになるために必要なもの

第3章

経営コンサルが実際にやること

第4章

経営コンサルを続けるために大切なこと

終章

私が経営コンサルをやってきて思うこと

PROLOGUE

序章

経営コンサルは難しい仕事ではない！

私は地方で一匹狼のコンサルとして食べてきた

私のコンサルとしての主な仕事は、金融機関や中小企業団体などからの依頼により、中小企業を中心に経営に関する諸問題を解決することです。

現在、私は福岡県の中央部に位置するベッドタウン都市に事業所を構えています。事業所と言っても、コンサルは私一人。つまり〝一匹狼〟です。

これまでの経営コンサル実績は累計で百数十社に上り、クライアントは常時20社ほどで、現在の年収は2000万円超です。

行政や金融機関からの紹介をきっかけに、クライアントの側から顧問契約をしてほしいと依頼されるケースがかなり多いので、自分から営業することはほとんどありません。

世の中にたくさん出回っている経営コンサルティングに関する本というのは、大手コンサル会社などに在籍しているか、かつて勤務していた著者が書いているケースが多いようです。

独立系のコンサル・中小企業診断士である私のような例はきわめて少数派でしょう。当然、コンサルティングの内容も仕事のやり方も異なります。

そして、私の場合、顧客へのアプローチもかなりユニークなものだと自認しています。まず、クライアントとは筑後地方の方言丸出しで喋ります。講演やセミナーでもそうです。「すみませんが、自分の田舎の方言で話します」と断って、ざっくばらんに話す。そうすると、相手も「この人は全然カッコつけてないな」と思ってくれる。

これはテクニックとして使う場合もありますが、自分をさらけ出したほうがお客さんとの距離が一気に縮まるのは経験上、間違いありません。

本を読んで知識を得て話すような場合でも、相手に伝わるように喋れないとダメです。借り物の言葉では響かない。自分の言葉で話すには方言がいちばん便利なのです。

〝カッコつけない〟という意味では服装も同じです。

お客さんのところにスーツを着ていくことはまずありません。ほとんど上下ユニクロ。革靴もはかないし、ベルトもしない。かつては、ブランド物を身につけていた時期もありましたが、いまでは自分がスーツを着ている姿をイメージすることさえできません。

いちばん気をつけているのは、絶対に〝上から目線〟では接しないということです。クライアントである経営者の心の傍らにいることを心がけ、常に謙虚でいること。これがコンサルの基本姿勢で、資格や能力以前に人として認められるかどうかが大切です。

ただし、経営者などに対して、企業の問題点を指摘する際には遠慮なしにガンガン言います。提案に対して、やるべきことをやらなかった場合などは烈火のごとく怒ります。ハタから見たら、どっちがお客さんだかわからない。

嫌なことでもはっきり言うのは、本気でその会社が良くなってほしい、潰れてほしくないという使命感があるからです。

人間、本気で厳しいことを言われないとなかなか考え方や行動は変わらないものです。ところが、小さな会社であっても、経営者に苦言を呈することのできる社員はそうそういません。だから、私がなり代わってストレートにモノ申すのです。

知人には「よく、そこまで言えるね」とか、「変わった奴だ」などと言われますが、「それが俺の強みよ」と冗談めかして返します。

実際、手前味噌ですが、クライアントからはよく「野口さんは本気で言ってくれるからありがたい」と言ってもらえます。

社　員
コンサルタント
経営者

ただし、自分がいつも正しいとは限りません。私は本来、短気なので、感情のまま勢いで言ってしまうこともあります。でも、もし自分が間違っていたら謝ればいい。言葉がすぎたと思ったら、「厳しく言いすぎた。ごめんね」と率直に謝ります。

経営者を泣かせたこともあります。涙が出るというのは悔しいから。その悔しさを引き出すのです。

「悔しくて悔しくてたまらんかったろ？　だったらそれをバネにして俺を見返せ！」

「涙が出るということは、まだ生きている証拠だから大丈夫。でも、会社が潰れたら終わりよ」

このように、相手の反骨心を奮い立たせることを狙って、あえて奈落の底に落とすような言い方をする場合もあります。

でも、そのバックグラウンドには、これまでクライアントの95％は業績を回復させて黒字化してきたという自負があります。

自分をさらけ出し、本気でぶつからなければ相手の懐に入ることはできません。建前ではなく本音の関係を結ぶことで、初めて顧客の信頼を得ることができる。コンサルの仕事というのはここがスタートラインなのです。

少々嫌らしい言い方をすれば、こういう私のやり方が図らずも他のコンサルとの差別化になり、市場価値として認められているのかもしれません。

コンサルの仕事で難しいのは集客だけ

「コンサルの仕事って難しそう……」

そんな印象を持っている人も少なくないかもしれません。

でも、私の経験から言えば、コンサルビジネスは決して難しいものではありません。

もちろん、大手のコンサル企業に就職し、大企業を相手に華やかに活躍しようと思えばハードルは高くなります。

でも、地方で一匹狼として食っていこうと考えれば、そのハードルはぐっと下がります。

何しろ、コンサルは設備投資額や運転資金、人件費といった資金負担が他業種よりはるかに少なくて済む。自分の〝身一つ〟で勝負できるわけです。

コンサルビジネスで難しいことがあるとすれば、それは「集客」でしょう。

多くのコンサルが、独立したのはいいものの、顧客を獲得できずに悩んでいます。

集客には努力が必要です。

もっとも、私の場合、ほとんど集客をしたことがありません。

では、集客のために必要な努力とは何でしょう？

それは、コンサルとして実績を出すこと。これに尽きます。

当たり前のことですが、実績のあるところに人は集まります。いまはさまざまな宣伝手段があります。ですが、どれほど効果的に宣伝してお客さんを獲得したとしても、実績が伴わなければ、顧客の信頼を得ることはできず、安定的に売上をつくり続けることはできません。

まずは、小さくても実績をつくること。そこから始めましょう。

そういう意味では、独立して最初の仕事は大切です。一発目の紹介のときに金額の多寡にかかわらず、必死にやれるかどうかで次の仕事のチャンスが変わってきます。

また、顧客ターゲットを定めることも集客のために重要です。

私の場合、中小企業をターゲットにしています。「誰に？」という部分を決め、そこに特化したコンサルティング・サービスを「どのように提供するのか？」を明確にすれば、競合との大きな差別化になります。

中小企業経営者は勉強不足だからコンサルが必要

私のコンサルとしての主な仕事内容は、中小企業の事業再生、経営改善です。中小企業の多くが財務上の問題を抱えています。とくに、資金繰りに悩んでいる会社が多いと言えます。

その原因のほとんどは経営者のマネジメント不足にあります。

社長は勉強不足で知らないことが多い。甘い人が多く、自分に厳しくないので、他人にも厳しくできません。有言不実行な人も少なくありません。

経営者というのは信賞必罰で、ときには厳しいこともしなければなりません。ところが、中小企業の場合は社員に代わりがいないので、「辞められると困る」と思うと何も言えなくなります。

経営組織そのものが機能しておらず、社員教育も十分になされていません。そのため、社員に良い習慣が身についていてしないし、大手では当たり前のことが実践されていないことも多く見られます。

逆に言えば、だからこそ中小企業からはコンサルのニーズがあるのです。

私の場合、多くは銀行や保証協会、そのほか県の外郭団体などから会社の立て直しを依頼されることがほとんどです。

経営改善イコール財務改善です。赤字体質を黒字体質に変えることがメインの仕事になります。

そのためにいちばん大切なのは、組織風土改革です。つまり、経営者と経営幹部、社員の意識改革です。

まずはトップが意識改革しなければ事業再生はできません。

私の日々の仕事は、まさにこれ。各顧問先を定期的に訪れ、いろいろな課題に対して繰り返し助言し、経営者たちに考え方を変えてもらうために、手を変え品を変えアプローチすることです。

その際、社長が不勉強で知らないことが多くても、そのこと自体について叱ったり批判したりすることは絶対にありません。知らないのだからしょうがない。そこは教えたり伝えたりして、考え方を変えていってもらう。

中小企業は社内環境の整備が手つかずの状態であることが多いので、優先順位を決めて簡単なことから始めていく。教えられることはたくさんあります。

コンサルになるために最低限必要なこと

「そもそもコンサルってどういう仕事なの？」という素朴な疑問を抱いている人も少なくないと思います。

たしかにコンサルの仕事は一般の人にとっては漠然としているし、どういう仕事かを簡単に答えるのはなかなか難しいことです。

しかし、あえてひと言で言えば「問題解決」です。

クライアントは、自分の会社のどこに問題があるのかがわかっていないこともあれば、問題点はわかっているが、どう対処したらよいのかわからず困っています。

そうしたクライアントの問題を解決するためには、もちろんある程度の知識は身につけておかなければなりません。

とくに、コンサルに必要なのは「読む」「書く」「喋る」という能力です。

福岡県中小企業診断士協会に中小企業診断士を養成する学校があり、私は以前そこで指導をしていました。そのときもよく話したのですが、独立してフリーランスでやっていこうと思うなら、「インプットした内容をアウトプットできないとダメだ」ということです。そして、インプットした知識をアウトプットするときには、「知識」を「知恵」に変換しなければなりません。

では、アウトプットとは何か？

まず、そもそも診断士の試験に受かるには本を読む力がなければなりませんし、実際に仕事をするようになれば、相手企業の膨大な書類や資料などを読み込むことが必要になります。

また、プレゼン資料や調査報告書を書けなければなりません。診断士を養成する学校では、実際に私の顧問先へ行かせて課題として１５０ページほどの報告書を書かせていました。経営戦略や財務、人事、販売、営業、仕入れ、生産などについてヒアリングし、その報告書を書かせるわけです。

そして、喋れることも重要です。クライアントを納得させるために話術は欠かせないし、相手の問題を引き出すには質問力も必要です。

的確な質問をして相手の本音や情報を引き出さなければ、適切にアドバイスすることはできません。そして、質問に答えてもらう前提として、相手が心を開いて話してくれる状況をつくらないといけません。

私はクライアントに対して、黒字にすること、利益を上げるということに絶対的な使命感を持って仕事をしています。とくに中小企業の場合、黒字化するためにまず必要なことがあります。

それは「人を動かす」ということです。

実は、そのために大事なのは「言葉の力」なのです。「やらなければ！」と相手に動機づけするためには言葉が必要です。言葉で説得できなければ人は動きません。

会社がうまくいっていない経営者たちに共通するのは、自分の考えなどを筋道立ててしっかりと説明できる人が少ないということです。社員に対して、自分の思っていることをそのまま口に出してしまう。社員にやる気を起こさせるような物言いができない。タイミングなどをもっと考えて話せばいいのにと思うことがよくあります。

これはコンサルも同じです。

こちらがどんなアイデアを提案しても、経営者本人が心底やる気を出さなければ、絶対に会社は良い状況に向かっていきません。

会社を変えるには、まず経営者の考え方を変えなければならない。そのためにはコンサル側が、相手を説得できるだけの十分な言葉を持っている必要があるのです。

1

第1章
私が
経営コンサルになった
異色の道のり

決して私の真似はしないでほしい

まずは、私がどのようなプロセスを経て経営コンサルになり、現在のポジションに至ったかをざっと紹介したいと思います。

私はこれまで実にさまざまな失敗や挫折を経験してきました。なかには、元来の強すぎる正義感が災いしたこともありました。挫折を体験していた渦中は精神的に本当にきつかったし、自分自身が嫌でした。何も好きこのんでこんな波乱万丈な人生を送るつもりはなかったのです。

できることなら、挫折や失敗の経験などしないに越したことはない。目標にまっすぐ進んだほうがいいのは決まっています。

私のたどってきた道筋は決して良い見本ではありません。普通の人には参考にならないでしょう。

だから、くれぐれも真似をしないように！

中小企業診断士の指導をしていた教え子たちにも常々、「俺の真似は絶対にするなよ！」

と言い聞かせていました。

ただ、失敗の中から学んだことも数多くあります。挫折の過程で大切な人との出会いもありました。お陰で、多少は人間力も身についたのかもしれません。

最初に私の経験をあえて紹介するのは、反面教師として、あるいは失敗からのリカバリーショットの打ち方について、何らかの参考になることもあるかもしれないと考えたからです。

では、少し長くなりますが、しばしおつき合いを――。

親に教えられて心に刻んだこと

私がまず本書で伝えたいのは、コンサルという仕事に向き合うための意識のようなことです。では、どこから話しはじめようか……。そう考えて、まず両親のことが頭をよぎりました。

私の根底には、教育が大事だという思いが非常に強くあります。

すでに亡くなりましたが、父や母に教えられたこと、幼少の頃に心に刻んだものがいまも残っていて、それが私の骨格をつくっています。

父は地元・福岡県中央部のベッドタウン都市で中学校の教師をしていました。だから、母には「息子がバカではあかん」というプレッシャーがあったようです。

ところが、親の思いとは裏腹に、私はまれに見る〝ガキ大将〟でした。隣のオバチャンの井戸に雑巾を投げ込むは、近所の畑の果物を盗んで斧を振りかざしたオッサンに追いかけられるは、とんでもない悪ガキでした。そのたびに母は頭を下げに行っていました。

近所のオバチャンたちには、いまでも「誠司くんはほんと悪かったね」と言われるほどです。

でも、ガキの頃から友達だけはたくさんいて、いつもわが家にはたくさんの友達が遊びに来ていました。

これは父親の影響もあるかもしれません。父は学校の先生なのに、いわゆるヤンキーというか不良少年たちがよく家に遊びに来ていました。

そんなときに父はよく言っていました。

「どういう人間でも、いずれは自分の役割を果たすようになっていく」と。

父はテレビに出てくるような熱血教師ではありませんでした。それどころか、むしろおとなしくて、口数も少なかった。

ご飯を食べていても「おいしい」とも何とも言わない。母は父について「何も反応がなくて面白くない」とこぼしていたものです。

でも、学校での評判は良かったようです。最後は校長をしていましたが、学校の先生から「お前の親父は有名だぞ」とよく言われました。生徒に慕われていたようです。私自身は見たことがないので知らなかったのですが……。

勉強が遅れている子どもには、私塾のようなかたちで家でも勉強を教えていました。勉強が苦手な子にも一生懸命に教えるような人だったようです。

父は学歴の関係で校長になるのが遅く、いろいろと苦労もしたみたいです。自分と似たような人生なのかもしれないと思うこともあります。

一方、母はよく口癖のようにこう言っていました。

「自分のことはさておいても、お金は他の人のために使わなければいかん」

そういう考え方やモラルというものを、私は明らかに親から受け継いできたような気がします。

いま、経営コンサルや中小企業診断士の仕事をしていて、私はなぜか難しい案件を頼まれることが少なくありません。

ややこしそうな案件でも、紹介されて「困っているから何とかしてあげて」と言われると、どうしても断れないのです。それで、ひとたび受けると何とかして徹底的に経営を立て直さなければという使命感みたいなものが湧いてきます。

きっとこれも、両親から刷り込まれた人に対する向き合い方なのでしょう。

野球に没頭した中高時代

私は野球少年でした。中学、高校では野球部に入っていました。

小学校の頃は、下手なプレイヤーには上級生だろうが構わずにダメ出しをしていました。エラーをしたり、ミスをしたりする仲間を許せず、文句を言っては、母が相手の家によく謝りに行っていました。本当に嫌なガキです。

中学2年のときには、過去に2年生でレギュラーになった部員がいなかった中で、私が初めてレギュラーになりました。

ところが、これが原因でイジメに遭うことになったのです。父が中学の先生だったため、えこひいきでレギュラーになったんだろうと思われたからです。

半年ほど、仲間から村八分に遭って無視され続け、勉強の成績も急激に落ちてしまいました。私自身はあまり深く考えずに仲間と接していたら、いつの間にかイジメはなくなりましたが、「一体あれは何だったのか?」といまでも思います。

高校は父の母校でもある地元トップの進学校に奇跡的に入学できました。入学後、最初の実力試験の成績は405人中395位。首の皮一枚で合格したことがバレてしまった格好です。でも、この高校に入れたことが私の人生で、初めての大きな転機になったような気がします。

高校に入学してすぐに両親からこう言われたことを覚えています。

「もう義務教育も終わったし、ある意味、親の責任は果たしたので、悪いことをするにしても、これからはすべてお前の責任で行動するように」

「人様に迷惑は絶対にかけるな」というのも両親の教えです。

高校3年間は野球に没頭しました。マジで甲子園を目指していた。一緒に白球を追った仲間との生活は忘れられません。

3年の最後の夏は、甲子園まであと一歩のところまで行きながら、県大会の準々決勝で惜敗。試合終了後、球場の外に出て、高校野球が終わった喪失感とこの仲間たちともう野球ができないという思いがこみ上げて、私だけが最後まで泣き続けていました。

野球から学んだのは、何と言ってもチームワーク。いまもクライアントなどとスポーツを通じてのチームワークの話をよくするのですが、そういうことを経験している人としていない人の差はやはり大きいような気がします。

大学は地元福岡の国立九州大学を目指しましたが、元来、大して勉強ができるほうでもなかったのに加え、3年の夏まで野球三昧だったこともあり、翌年の共通一次試験は散々な結果で、浪人する羽目になりました。

地方大学から都市銀行へ就職

浪人時代はよく勉強しました。成績は自分でも驚くほど伸び、難関国立大学の判定も合格上位判定が出ることもあったほどです。

ところが、共通一次試験の数学の試験でやらかしてしまい、第一志望には合格がかなわず、長崎大学経済学部に入学することになります。父に相談したところ、「長崎大学経済学部は第三高商の流れを組む伝統があって就職もいいぞ」と聞かされたからです。

ちなみに、「高商」というのは旧制・高等商業学校のことで、一橋大学が第一高商、神戸大学が第二高商、長崎大学が第三高商と言われていました。

入学後にキャンパスを歩いていると、経済学部の準硬式野球部から入部の勧誘がありました。その直前に応援団部の勧誘があり、そこにだけは入りたくなかったので、野球部へ入部することに決めました。

入部してからは地獄でした。「4年生は天皇、3年生は将軍、2年生は将校、1年生は奴隷だ」と教育されました。とにかく先輩の言うことは絶対でした。

新入部員歓迎コンパでは急性アルコール中毒寸前まで酒を一気飲みさせられました。幸い私は酒豪だったので、いくらでも飲むことができたのですが。以来、大学4年の間にはどれだけ酒を飲んで、何度記憶を失ったことか……。

長崎大学経済学部には独特の学風があって、さまざまな体育会系のクラブとも交流があり、他のクラブの先輩からもいい意味でのイジメ（飲み会芸強要）を受けました。

3年生の夏の大会が終わって4年生が引退すると、私が野球部のキャプテンに就任することになりました。

野球部のキャプテンと応援団部の団長は名実ともに経済学部の天皇で、キャンパスを歩くと後輩たちは道を開けて「オッス！」と挨拶するという恐ろしい存在です。私もご多分にもれず、後輩たちから「天皇陛下」と恐れられていました。

野球部のキャプテンをやったことは就職にもきわめて有利に働きました。私は金融志望でした。大学で入っていた国際金融のゼミの恩師からは「おまえの性格なら商社とか証券会社のほうがいいいんじゃないか」と言われていましたが、私は意外と考え方が保守的で、銀行のほうが堅いというイメージがあって銀行を選ぶことにしたのです。

当時、長崎大学経済学部には伝統があり、企業に就職した先輩が母校へ来て、体育会系クラブ部員を中心に就職説明会を開くというリクルート制度がありました。

私は都市銀行出身のリクルーターから勧誘を受けていました。当時、体育会のリーダー格、とくに野球部主将は銀行から引く手あまただったのです。

大学時代は勉強もロクにせず、野球、アルバイト、遊びばかりだったのに、最終的には三菱銀行と三和銀行のメガバンク2行に絞り、どちらにするか大いに悩むという贅沢な状

MEGABANK

況になっていました。

東京にいる叔父が第一勧業銀行に勤務していたので相談したところ、「そりゃ、財閥系の三菱銀行のほうがいいに決まっている」と言われ、三菱銀行に決めました。

ところが、後日、三和銀行のリクルーターである先輩に報告したところ、烈火のごとく叱られ、「三和銀行福岡支店に行って人事部の人に会ってこい！」と言われました。

三和銀行の人事部へ行くと、財閥系銀行の役員の出身大学別のリストを見せられました。三菱銀行の役員はほとんどが東京大学出身者でした。そして、こう言われました。

「どっちの銀行のほうが君にチャンスがあると思う？　今日中に返事をくれ」

私が「一生のことなので親にも相談したい。1日考えさせてください」と言うと、「ダメだ。いまここで決めなさい」とのことだったので、一瞬考えた後、「お世話になります」と返事しました。これが第2の人生の転機でした。

翌日、東京丸の内の三菱銀行本店に内定辞退のお願いに行き、こっぴどく叱られました。いまではこの2つの銀行は合併して三菱ＵＦＪ銀行になっています。何という運命のいたずらか……。

このときに私を推してくれたリクルーターの先輩は、いまでは私の一生涯の恩師です。

仲人もしてもらいました。悩んでいるときには連絡をくれたり、逆に調子に乗っていると、この年齢になっても「おまえ、のぼせるな！」と叱ってくれる貴重な先輩です。

後輩たちには「こんな奴がおった」と私の逸話をよく話していたようです。「いったんは三菱に入ると言って、それを蹴って三和に入った」と。そんな人間は初めてだったみたいです。

勉強で敵わないなら飲み会で勝負

いま、自分の銀行員時代を振り返ってみて、ひと言で言うと紆余曲折の時代だったかなと思います。

就職活動中は「銀行に入ったら頭取を目指す。最低でも支店長」などと周囲に豪語していました。もちろん、そうそう、うまくいくわけがありません。

同期入行組は当時380人ほどいました。4月に入行すると、私は大阪府豊中市にある独身寮に入りました。寮では、必ず1年先輩の人と同室になるという決まりがありました。

ちょうど銀行の研修制度が変わったときでした。大卒は2か月間、みっちり詰め込みの研修を受けるのです。寮から大阪市内の研修所へ通って、主に融資と外国為替について研修漬けの日々が始まりました。この研修が最初のカルチャーショックでした。

とにかく、まわりの連中の優秀さにはビックリ仰天しました。大阪なので東大や早慶の連中とはあまり会いませんが、机を並べて勉強した同期の中には京大や阪大など一流大学の卒業生がいっぱいいました。一緒に勉強していて、何と言っても彼らの理解のスピードに面食らいました。

「すごいなあ。これはモノが違う。俺に敵うわけがない」

私は勉強で勝負することは早々にあきらめました。かと言って元来、負けず嫌いの性格です。劣等感を感じることはありません。

「じゃあ、俺は酒を飲むほうで勝負するか」

頭は悪いけど、飲み会では誰にも負けない。やる気と根性だけでいくぞ、と。幸い、芸は身を助けるで、同期の中で違った意味で目立つようになり、すぐにいろいろな先輩や同期と仲良くなりました。

5月までの研修が終わり、6月になると大阪市港区築港にあるC支店に配属になりました。この支店がまた寮から遠い。同期の中で私がいちばん遠かったのではないかと思います。やっぱり、「地方大学出身者は体力採用なんだ」とつくづく思いましたね。

外国の船員さんも来るような、決して環境のいい場所にある支店ではありませんでしたが、行員のみなさんには可愛がってもらったし、とても働きやすい支店でした。

私は花見で盛り上げ、支店旅行で盛り上げ、仕事はできなかったけれど、盛り上げ役に徹しました。大学で鍛えられていたので、イベントなどでバカをやって笑いを取ることが全然恥ずかしくない。仕事が終わった後もよく飲みに連れて行ってもらいました。とくに土曜日は飲みに誘われることが多く、大阪の難波でよく飲んだものです。

とくに可愛がってくれたのが支店長でした。飲み会が終わった後に奈良にある支店長の家に連れて行かれることもありました。支店長には娘さんがいたのですが、「野口、うちの娘はどうだ?」などと冗談半分に勧められたり、とてもアットホームな雰囲気でした。

なぜか私は昔から、上の人に気に入られるのです。支店であれば支店長、部であれば部長。ところが、中間管理職には嫌われるのです。物言いがストレートすぎるからでしょう。

女子行員にも可愛がられて、よく飲みに連れて行ってもらいました。銀行では女子行員に嫌われると仕事にならないのです。嫌われると、仕事を頼んでも後回しにされてしまうからです。

私はお願いの仕方がうまかったのかもしれませんが、やっぱりいちばんは酒に助けられたのだと思います。

C支店は本当に楽しかった。居心地が良くて私に向いていました。ただ、仕事のほうは絶対的に向いていませんでしたが……。

この銀行では一つの支店には3年くらい勤務することが普通でした。当時、私は融資担当でしたが、いずれは営業も経験したいと思っていました。

ところが2年目の夏、突然、転勤の辞令が下りました。

人にはそれぞれ役目・役割がある

なんと、転勤先は東京・大手町の東京本部にある市場営業部!

そこはエリート中のエリートの部署。私自身がびっくりしました。まさに青天の霹靂でした。

実は、将来的にはそのセクションで働きたいとひそかに思っていたので、一応希望は出していたのです。

でも、希望していたとはいえ、「こんなに早く」とは思っていませんでした。支店長には「抜擢だよ」と言われました。

この市場営業部はちょうどこの頃、銀行としても業績を伸ばしたいと考えていた部署だったらしく、多くの同期が異動してきていました。

そして、ここで私はまたもや激しいカルチャーショックに見舞われます。

市場営業部は東大卒をはじめ頭のいい奴らばかりが集まる精鋭部署だったのです。しばらくは「なぜ、自分がこんなエリートばかりの部署に転勤になったのか。大阪は楽しかったのに……」と後ろ向きな気持ちにもなりましたが、やがてその水にも慣れていきました。

市場営業部は超エリートの人間ばかりで、みな頭が良くて仕事もできる。しかも、人づき合いもいい。そこでも私は可愛がってもらいました。

何しろ仕事が面白かった。銀行のいわば中枢です。1日に何千億というお金を動かす仕事。最高にやりがいがありました。

この部署にいる26歳のとき、私は遠距離恋愛をしていた大学時代の後輩女性と結婚しました。

そのわずか2か月後、またしても辞令が下ります。東京港区のT支店への転勤です。ここで初めての営業、それも新規開拓の担当になりました。

ここから、私の人生の歯車が狂いはじめます。

T支店は業績が伸びていて忙しい支店でしたが、私は仕事についていけなかった。新規開拓はドブ板営業でした。〇〇興業といったヤバそうな名前のところに営業に行って、逆にスカウトされたこともありました。

そこで半年やっても営業の成績が伸びませんでした。やがて、支店長や次長から「おまえは本部から選ばれて来たのに」という言葉を投げかけられるようになり、落ち込み出したのです。

そのときに、知らないことは知らないと言ってまわりの人に教えを請えばよかったのですが、変なプライドが邪魔をしてそれができなかった。本部から送られてきたために、〝できる奴〟と期待されてしまい、それがプレッシャーになったのです。

大阪時代はエリートに囲まれて、違うことで目立とうと開き直れたけれど、T支店に来たら今度は逆に自分がエリートと見られるようになってしまった。そんな立場はまったく

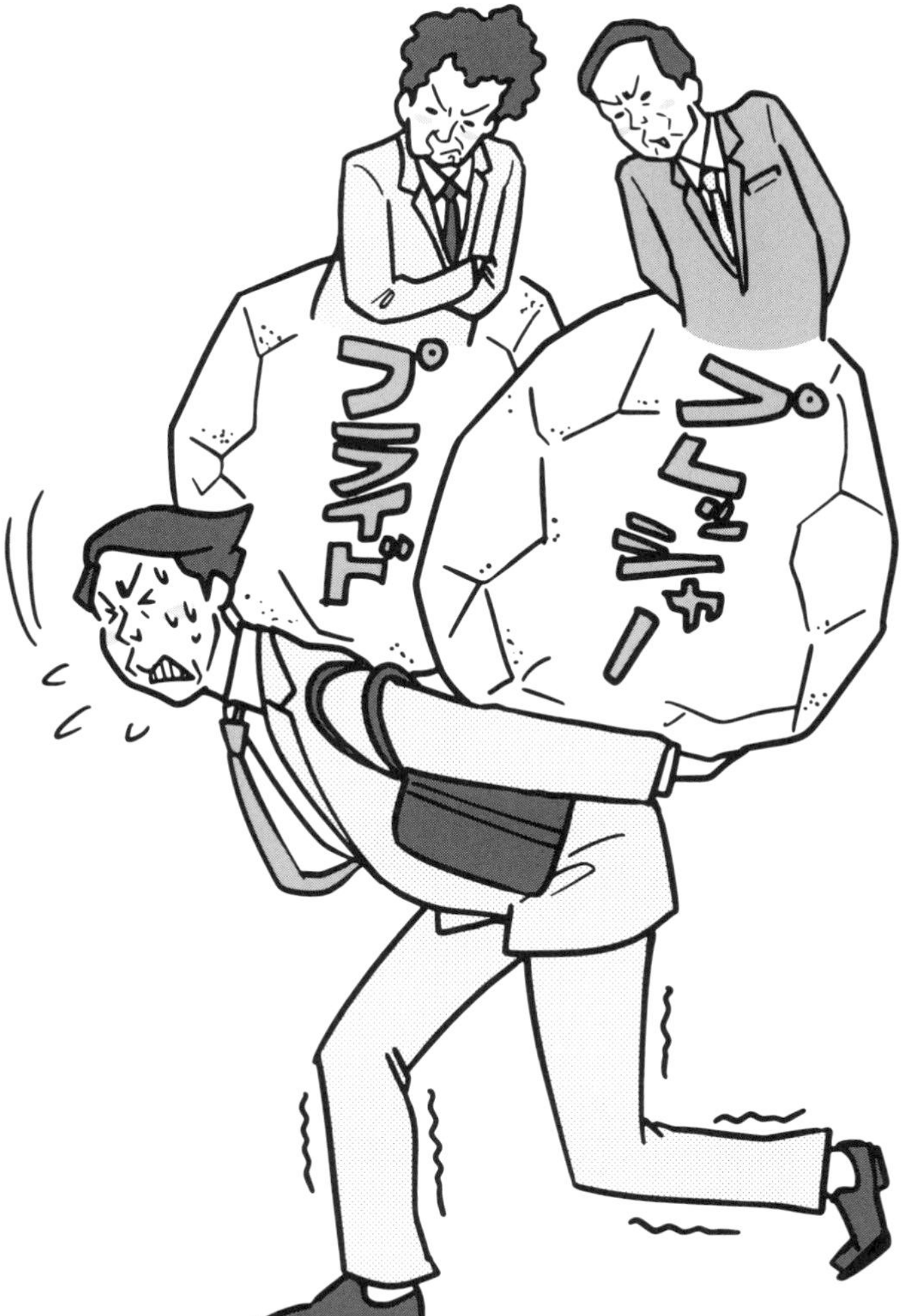
プライド
プレッシャー

慣れていないから居心地が悪い。でも、市場営業部からの転勤ということで無意識に自分を飾っていたのでしょう。

やがて私は自信喪失状態から体調を壊し、自分の殻に閉じこもって、うつ状態から出社拒否症になるまで落ち込んでしまいました。とくに日曜の夕方、「サザエさん」が終わると、翌日からのことを考えて憂うつになる。よく言われる「サザエさん症候群」です。イライラから妻に当たることもしばしばでした。

やむにやまれず東京本部の診療所を受診すると、自立神経失調症と診断され、「君は精神を病んでいるから2週間休みなさい」と言われました。そして、思いきって休むことにしました。

このわずか2週間の休暇で私は出世レースからあっさりと脱落しました。私の銀行員としての未来は絶たれたのです。

ただ、一つだけいいこともありました。休んでいる間、人生哲学関係の本をむさぼるように読んだことです。そして、幼少時代からの自分の人生を思い返し、今回の状況に陥ったのはすべて自分のせいだということに気づきました。

いま振り返ると、市場営業部への転勤以来、私は自分ではない自分になっていた。段階を踏まずに一足飛びにエリート部署に配属されたことで、私は勘違いをしてしまったのだと思います。

私はどちらかというとカメで、地道にコツコツと積み上げていくタイプです。ところが、ウサギが集まる部署にポーンと投げ込まれた。それで迷ってしまったのです。

よく私はいろいろな人に「役目、役割のない人はいない」と言うのですが、それぞれの人に合った仕事とかスタイル、ポジションというものがある。一足飛びに成長しなくても、自分に合ったやり方でいいのです。

私は20代といういちばんバリバリ仕事をしないといけない時期に落ち込んでいて、空白の時代を過ごしました。

でも、それはおそらく私にとって必要な時間だったのだと思います。

こういう話もいまは洗いざらい話せるようになりましたが、私の中では「暗黒の時代」として記憶に残っています。

組織とはいろいろな人を上手に使うもの

2週間の休暇後、私は配置転換になりました。東京営業部を経て、港区のM支店に配属されました。そして、結論から言うと、ここで私は復活を遂げたのです。

M支店での仕事は外国為替の営業で、その支店でいちばんのVIPの資産家のお客さんを担当しました。その方からもらった言葉、「実るほど頭を垂れる稲穂かな」はいまでも私の座右の銘になっています。

この支店では支店長、次長からも大きな影響を受けました。復活してからも、何かあるごとにこの2人にはいろいろ相談に行きました。私は〝この人〟というキーマンにはよく相談します。そういう人たちがいたからいまの自分がある。その恩は絶対に忘れません。

周囲の人たちのお陰で、私は少しずつ仕事に対する自信を取り戻し、支店の業績にも貢献できるようになっていきました。

ところが、メンタルが回復すると、やがてまた私の悪い癖が顔をのぞかせます。野球少年時代、ミスをしたチームメイトを責めたあの悪癖です。

支店に一人、要領の悪い上司がいました。お客さんからもクレームが来て、私が矢面に立つこともあり、私は仕事のできないその上司を許すことができませんでした。支店長に「なぜ、ああいう人が上司なんですか」と直談判に行ったこともあるし、本人に直接文句を言うこともありました。

私はもともと根回しをしたりゴマをすることが大嫌いで、正論を言いすぎるところがあります。それで何度となく失敗してきました。

支店長に対して、「支店長にも気に入らない人はいるでしょう?」と聞くと、「組織というのはいろいろな人がいる。出来のいい悪いも含めてその人たちを上手に使うのが俺たちの仕事なんだよ」と諭されました。

次長からは「おまえは直球ばかり投げるし、たまに顔に向かってビーンボールを投げる。それじゃダメだ。たまには変化球も投げてかわすことも覚えろ」と言われました。

この2人はともに東京の難関私立大学出身で、当時まだ40代前半だったと思いますが、行員からとても慕われていました。

彼らの言動・行動に私は大いに影響を受けました。こうした素晴らしい人に出会えたことは私の自慢で、いまでも目指したい人物の筆頭です。

左遷を機に中小企業診断士になる

そんな恵まれた支店で勤務していたにもかかわらず、この支店時代のある年の5月、私は妻と離婚することになりました。かつて落ち込んでいた時期の私の暴言や態度が彼女の中に積もり積もっていたのです。

離婚はしたくなかった。それは銀行での将来がなくなるという打算的な考えからです。私は彼女のことはこれっぽっちも考えず、自分のことしか考えていなかったのです。銀行というのは競争が激しく、一つでもバツがつくと出世はもう無理です。私はメンタルをやられたことですでにバツイチです。その上、離婚。もはやジ・エンド……。

そんな私の予想は的中します。離婚のことを支店長に報告すると、2、3日後に関連会社への出向が決まりました。

転勤時には支店長にこう言われました。

「嫁をマネジメントできない人間が後輩や部下をマネジメントできるのか？　しばらく出向先で頭を冷やしてきなさい」

――まったくだな……。

そう納得しながらも、この転勤は私にとって相当なショックでした。もう銀行員人生はほとんど終わった。そう思いました。

でも、関連会社でも上司に可愛がってもらい、社員旅行やイベントの盛り上げ役も率先してやりました。ただ、左遷されたという思いは拭えませんでした。

この出向先で私はいまの嫁と出会い、二度目の結婚をすることになります。

人生、悪いことばかりではない。これから仕事も頑張っていこう。そう思った矢先のことです。私はまた、やらかしてしまったのです。

仕事のできない最悪の上司と出会い、私の家庭環境をなじられ、バカにされたことに腹を立て、仕事中に上司に向かって「貴様！」などと暴言を吐いてしまいました。

出向先の社長に「おまえの言い分は正しいが、組織としては見逃せない発言だ」と言われ、今度こそ私にとってはいちばん行きたくない部署に飛ばされました。

はっきり言って、そこは島流しのような部署でした。ここでの仕事は本当に嫌で仕方がありませんでした。やる気はまったくなくなりました。

とくに苦痛だったのが、4月と9月の転勤・昇進の時期です。転勤希望を出してもまったく通らないし、人事部面談では「何でおまえがこの部署にいるのか」とか、「自立神経失調症になった支店時代が人事評価を下げた」などとさんざん言われました。

もちろん、すべて自分に責任があるのですが、後悔ばかりの日々。いつも「辞めたい、辞めたい」とばかり思っていました。

——この環境から抜け出したい。何とか支店に転勤できるチャンスはないだろうか？

私は、最悪の状況から這い上がるきっかけを、ワラにもすがるような思いで探していました。

そしてあるとき、銀行で取得を推薦する資格の中に「中小企業診断士」を見つけ、この資格を取ろうと思い立ったのです。

私はとにかく負けず嫌いです。絶対に負けたくない。自分のみじめな姿は見せたくないし、このまま終わったら学生時代の友人たちにも合わせる顔がない。そういう思いがあるから耐えることができたのでしょう。

資格取得は、いずれ会社を辞めた後で家族を養うための保険の意味もありました。「何か資格でもないといかんやろ」と。

中小企業診断士
ガンバッテ!
ウォー

中小企業診断士の資格取得を目指した1年間は、われながら本当によく勉強したと思います。勤務の休憩時間、通勤電車の中、土日は終日と、後にも先にも人生でこれほど勉強した時期はありません。

そのうちに受験科目を勉強することが面白くなってきました。学ぶことが苦痛ではありませんでした。

銀行にいたのでもともと財務などには強かったのですが、さらに労務とか販売、仕入れなどの勉強がすべて体系的につながり、企業の仕組みというものがクリアに理解できました。「ああ、こういうことだったのか」という感じです。

そして1年後の1996年4月、念願かなって中小企業診断士の資格試験に合格しました。国家資格なのでそれなりに難しい。「でも、俺でも勉強すれば受かるんだ」と大きな自信になりました。他社で働いている診断士の仲間もたくさんできました。

中小企業診断士の資格を取って良かったことの一つは、そういう仲間との出会いです。同期で受かった仲間にはいろいろな業界の人がいて、家族ぐるみのつき合いになった友達もいます。

そして、これまでの自分の失敗なんか屁でもないんだと思えるようになりました。銀行から一歩外へ出ると、外には大きな世界が広がっていた。自分は井の中の蛙だったな、と。「離婚なんか全然気にしなくていいんだよ」という会話もあったりして、世界観がガラリと変わりました。

銀行を辞めて福岡のコンサル会社へ転職

中小企業診断士の資格を取ったのはいいものの、銀行での立場はまったく変わりませんでした。

——このまま蛇の生殺しのように銀行にいるのは嫌だ。

そういう気持ちがどんどん強くなっていき、私は35歳のときに退職を決意します。

そして、1998年2月に退職。

退職の挨拶をした後、とても清々しい気持ちになったのを覚えています。もっとセンチメンタルな気持ちになるかと思ったものの、第二の人生を頑張るぞという気持ちのほうが強く、自分でも意外でした。

でも、実際に辞めるまでには嫁に何度も愚痴をこぼし、相談しました。

それ以前から彼女は一貫して、「あなたのようなタイプは大企業に向かないから早く辞めたら」と口癖のように言っていました。「あなたは自我が強すぎてバカな人間にも喧嘩を売る。そういう人間が上に立てるわけない」と。

そして、「あんたが食えなくなったら私が働けばいいんだから」とあっけらかんとしたもの。彼女の後押しは大きな力になりました。

まわりの人には「あんたの嫁はすごいね」とよく言われます。「普通は大手銀行を辞めろとは言わないよ」と。本当に頭が上がりません。私のいちばんの協力者です。

1998年3月11日、嫁と3歳の長女と嫁のお腹にいる次女の4人で、私は川崎港からフェリーに乗って第二の人生に向けて出港しました。

新聞の求人欄で見つけた福岡市内の教育系コンサル会社に就職することになっていました。その会社での仕事はとてもハードでした。営業から提案書作成、研修の企画、講師など、銀行時代には知らなかったさまざまな経験ができました。教えることの楽しさを知ったのもこの時期です。

この会社とは1年契約で、条件が折り合わなかったこともあり、結局は1年で辞めることになりました。

そのコンサル会社の上司とは、「中小企業診断士の資格を生かして新たなビジネスモデルを考えよう」といったことを話していました。

でも、まさか自分自身が独立するとはさらさら考えていませんでした。

従妹の企業の経営に参画する

コンサル会社との1年契約が切れる頃に、たまたま従妹から「自分の会社の経営を手伝ってほしい」という話がありました。

本当は、同族では一緒にやりたくなかったので固辞していたのですが、どうしてもと請われ、タイミングも良かったので手伝うことになりました。

最初はエステサロンを経営していたのですが、3億くらいの売上でずっと伸び悩んでいました。そこで、事業の多角化の一環としてラーメン事業を始め、多店舗化を進め、両事業の融合を図ることになりました。

私は経営企画室長という肩書きでしたが、実質的には副社長のようなものだったのではないでしょうか。経営管理がまったくできていなかったので、さまざまな規則や制度をつくるなど、内部の体制整備から始めました。そして、研修マニュアルや顧客マニュアルをつくるなど、ありとあらゆる仕組みづくりをしました。

いちばん重視したのは社員教育です。仕入先など取引関係への感謝や挨拶などを徹底してやっていきました。

やがて経営は軌道に乗りました。やればやるほど当たり、7店舗まで増やし、最終的には売上を15億くらいまで持っていきました。そこはゼロベースだったから成功したという面もありました。

ただ、エステ事業の業績不振などもあり、資金繰りに窮することもありました。役員報酬カット、税金の滞納のお願い、社会保険の猶予の依頼、買掛金の支払いの延長など、さまざまな経営改善策を実施し、乗り切っていきました。

この会社には7年ほどいましたが、最後は従妹との経営方針の違いから、私が経営から退くことになりました。

流れるままに経営コンサルとして独立

「さて、これからどないしよ……」

従妹の会社を辞めたのはいいものの、私はその後の身の振り方をまったく考えていませんでした。

辞めたことを後悔もしました。最後は1000万円くらいの給料をもらっていましたから。それが突然、無収入に。

ハローワークにも行きましたが、「俺はこんなところに来たらいかん」と思いました。上場する予定の会社の支援をやってもらえないかという話もありました。でも、何となく肌が合わなかったので断りました。

――娘たちもだいぶ大きくなっている。これから食わせていくのも大変だ。もうどうしようもないな……。

そう思って独立を決めたのです。具体的に勝算があったわけではありません。ただ勢いだけでした。

独立にあたって、3か月間の充電期間をおきました。充電期間中はいままでお世話になった方々への挨拶が中心でしたが、その合間にそれまで時間がなくてできなかった資料やコンテンツ、事業計画や自分の報酬規程などを作成しました。

そして2005年、43歳のときに独立開業し、実際に活動を開始しました。

しかし、仕事はないし、お金もない。「家族を養えるだろうか」と本当に不安でした。夜、寝ている娘たちの顔を見て、「食べさせていけるだろうか」と一人涙することもありました。

しかし、運のいいことに、会社を経営していたときにつき合っていた地銀の支店長や、高校時代の野球部の後輩が勤めている銀行からの紹介で、経営改善依頼の仕事が入り、3か月後には3件ほどのコンサル顧問契約ができたのです。

ほんと、私はラッキーだと思います。ただ、自分の市場価値を知らなかったので、相手に報酬を提案するときには本当に悩みました。

その後はお世話になった方からの紹介で行政関係の仕事にも携わり、銀行関係を中心に紹介によって仕事は途絶えることなく続いています。

いまも私は自宅兼事務所で一匹狼でやっていますが、独立後2年目で年収1000万円の大台に乗り、5年目には2000万円台に達しました。これはさまざまな人のお陰だと思っています。感謝の気持ちは絶対に忘れません。

サラリーマン時代、「ギブアンドテイク」と教えられましたが、「ギブギブギブ」でやっていくことが大事です。そうすれば、必ずテイクが後からついてきます。

いろいろな人に言うのですが、私がいま順調なのは〝たまたま〟に過ぎないと考えています。独立するときには、周囲の人に「独立なんてやめとけ」と言われました。私も誰かに相談されたら同じことを言うでしょう。私は決して独立推進派ではありません。

そもそも経済的な安定を求めるなら銀行にいたほうがよかったし、銀行では支店長をやってみたかったという心残りも正直あります。大手の銀行で銀行員として問題なくやっていけるのなら、しがみついていたほうが絶対にいいでしょう。

こういう人生になるとは、大学を卒業して銀行に入ったときには夢にも思いませんでした。逆に、「なぜ、こうなったんやろ？」と不思議に思います。

本当に人生というのはわからないものです。自分のことを振り返ると、そうとしか言いようがありません。

知らず知らずに身につけていた強み

ここまでお話してきたように、私はこれまでいろいろな体験をしてきました。それは決して自分で望んだことではないけれど……。ただ、コンサルという仕事をしていく上で、その経験は間違いなく私の血肉になっています。

まず、メガバンクに勤めたという経験――。

大手銀行に入って良かったと思うのは、銀行でいろいろな企業を見ることができたことです。中小企業でも光るものを持っている会社はやっぱりある。中小企業で社員に働きがいを持たせるには、待遇を良くしないと絶対にダメです。そうでないと優秀な人材は来ないというのが私の持論です。

いまコンサルの仕事をやっていて感じるのは、経営不振に陥っている中小企業は待遇が悪いから社員のモチベーションが上がらないということです。そこを改善するには、売上を上げて利益を上げて、その利益を社員に還元していく。それしかないと考えています。

こういったことは、大手企業にいたからこそ肌でわかるのです。大きなところから小さなところを見ることが重要です。私は中小企業診断士を指導する中で、「木を見て森を見ずではダメよ」と言っていました。まずは森全体を見て、それから木を見ていく。そういう習慣をつけていかないとダメだと考えています。

中小企業の社員たちの多くは、5億とか10億のキャッシュを見たことがありません。売上10億という話をしても、自分のサラリーのレベルでしか考えられないから、実感がないわけです。

1000万円を積み上げるとこのくらいの厚さになる、1000万円はその10倍だからこのくらいと肌感覚で知っておくことは大切です。私は銀行時代に日銀にお金を取りに行くこともあったので、1億円がどのくらいの高さになるかもだいたいわかります。いまでも私は大きいところから俯瞰して、小さいところを見ていくことが大事だと思っています。

そして、会社の経営に参画した経験——。

これも大きな財産になっています。そこで経営のイロハを自分なりに学びました。そのときにつくったノウハウや資料、コンテンツがいまの仕事にとても役に立っています。

銀行からの借り入れも私が担当しましたが、銀行が求める資料を完璧につくって行ったので、銀行の担当者は驚いていました。メガバンク出身だから当然なのですが、銀行側にしてみれば、「なぜこういうところにこんな人がいるんだ」と不思議に思ったようです。

元銀行員という立場から、逆に銀行からお金を借りる立場になり、赤字に陥ったときの銀行の厳しい対応も当事者として体験することができました。よく言われるように、「銀行は晴れているときに傘を差し出してくるけど、雨が降っているときには傘を引っ込める」ということを実感したのです。

また、中小企業の組織づくりの大変さ、大手企業と比べての人材の乏しさ、資金力のなさなども痛感させられました。

一方では、会社を経営することで、社員を育てたり、パート・アルバイトの人たちと一緒に仕事をする喜びも非常によくわかりました。

経営を体験してよくわかったのは、経営も人がやるものだから「最後は感情で動く」ということ。中小企業のコンサルを行う際も、人間は弱いものだという前提で考えるようになりました。

サッ!
え?

知識だけが立派なコンサルとは違って、経営の現場を経験したことの強みはいまの私の仕事に大いに役立っています。

実際に、いまコンサルの仕事で紹介されて経営者たちに受け入れてもらえるのは、私自身が中小企業の経営を経験しているからです。資金繰りでつらい思いもしたことなどを話すと、それが嘘ではないことが相手に伝わるらしいのです。誰かの受け売りではないと。この経営の手伝いをしていなければ、いまの自分はなかったかもしれません。

私のいまの仕事には、銀行にいた経験、中小企業診断士の経験、経営の経験が大きな強みになっています。とくに、大手銀行と中小企業の経営の両方を経験したというのは、言い換えると上流から下流までを体験したということです。だから、私はどちらの気持ちも理解できます。これも大きな強みでしょう。

また、私はいま九州で仕事をしていますが、かつては東京や大阪でも仕事をしていました。都会にいたからよくわかるのですが、東京の人と田舎の人の意識はかなり違います。誤解を恐れずに言えば、やはり田舎者はアバウトです。東京から離れれば離れるほどそうなります。

田舎の感覚も大事なのですが、都会の感覚も持っておかないとダメだと思います。都会の文化に触れたり、雑踏を経験したことがあるということも大事です。

もちろん都会にも田舎にも良いところと悪いところがあります。経営者と喋るときなども、そのへんを使い分け、「都会の基準ではこうだよ」といった話をすることで、いろいろな角度からの目線でアドバイスができます。

こうして、いま振り返ると、私は自分で考えて進むべきレールを敷いたことは一度もありません。もちろん、コンサルとして独立することから逆算してキャリアを重ねてきたわけでもない。知らず知らずのうちに強みを身につけていた。それはすべてが偶然であり、運命だったのかもしれません。

そして、多くの出会いがいまの私を形づくっています。私は、良いタイミングで良い人に巡り会ってきました。新たな出会いがあるたびに、考え方や価値観が変わっていきました。そういった恩は絶対に忘れないようにしなければならないと思っています。

2

第2章 経営コンサルになるために必要なもの

コンサルにも種類や分野がある

ここまでお話ししてきたように、私は紆余曲折の末、気づいたらコンサルの世界に足を踏み入れていました。でも、この世界で悪戦苦闘しながら仕事を続けるうちに、自分なりにコンサルという仕事について「こういうことか」と少しずつわかってきたことがあります。

本章からは、コンサルで食べていくための心得のようなものを思いつくままにお話ししていきましょう。

経営コンサルって結局のところ、何をする人なのか？　そんな疑問があると思います。よく聞く職業だけど、何だかわかったようでわからない。

コンサルの仕事とは、ひと言で言うと、企業が抱えているさまざまな問題を客観的な視点で分析し、その問題を解決するための提案をする外部の専門家です。

企業としては、次ページの図のようなニーズによって、コンサルに依頼していくことになります。

多くの中小企業は財務上の問題を抱えています。その原因は経営者のマネジメント不足

コンサルへの企業のニーズ

▼従業員の育成
コンサルティング過程における教育訓練効果

▼組織の活性化
外部からの刺激による組織の改革

▼専門知識・ノウハウの活用
問題解決への専門サービスの提供

▼ゼロベースの思考
過去にとらわれない戦略的思考

▼客観的な視点
利害関係やしがらみのない立場からの意見

↓

外部の専門家の有効活用

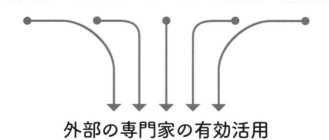

であることがほとんどです。そこで、コンサルは、トップマネジメントの機能強化、営業強化、生産効率、原価管理、労務の改善など多岐にわたって支援します。

クライアントは、自分の会社のどこに問題があるのかがわからないこともあります。問題点はわかっているけれど、どう対処したらよいかわからずに困っていることもあります。それどころか、問題点も解決策もわかっていながら、コンサルに依頼してくることさえあります。その理由は解決策を実行する人材が社内にいないからです。そういう場合、コンサルは実務的な部分にも協力します。

コンサルは感度の高いアンテナを持って、調査・分析によって問題を見つけ出し、その原因を探り、相手の気持ちを十分に理解した上で問題解決策を企画・提案しなければなりません。

でも、それだけでは不十分です。いちばん大事なのは、提案内容をクライアントに理解してもらい、解決策を実行してもらうことです。

コンサルの仕事には次のようにいくつかの種類・分野があります。

①顧問企業支援型

毎月、定期的にクライアントを訪問して定額をもらうパターン。コンサルのほとんどがこのタイプです。

②執筆講演型

本を書いたり、講演をしたりして、そこでコンサルの依頼を受けるというやり方です。このパターンは大手コンサル会社の人が多いようです。

③社員研修トレーナー型

私が銀行を辞めて福岡で就職したときにやった仕事がこのパターンです。社員研修を提案するコンサルです。これからの時代、社員研修型はニーズが多いと思います。

④専門分野特化型

経営戦略、財務、営業販売、人事など専門分野に限定したコンサルです。

⑤公的支援型

中小企業診断士の資格を持ってコンサルをしている人に多いのが、国が出している補助金の申請などを代行する仕事です。経済産業省（中小企業庁）が行っている「ものづくり中小企業支援」などの申請書類の作成支援などをします。

会社を定年退職してコンサルをしている人には、こうした公的仕事をやっているケースが少なくありません。補助金を受けられた成功報酬として10％とか20％を受け取ります。ただ、謝金が少なくてあまり稼げませんし、仕事がスポットで終わるので、その後がつながりません。

大手コンサル会社であればすべてのタイプをカバーできますが、独立開業してコンサルをやろうと思うなら、どれかに絞るというのも一つの手でしょう。

私の場合は、企業などを顧問先に持って、定期的に顧問先を訪問してアドバイスをする「顧問企業支援型」です。金融機関や中小企業団体などからの依頼によって、中小企業を中心に、経営に関する諸問題を解決します。

というと、もっともらしいですが、一つの企業で長く継続してコンサルを務めるわけではなく、短期集中型でコンサルティングをして、そのつど相手がお金を払ってくれるという〝チャリンチャリン型〟です。

顧問企業支援型は、クライアントにかなり深く入り込むため、企業体質を根本から改善でき、常に全体を見渡しながら経営支援ができるというメリットがあります。

デメリットは、集客が難しいということ。つまり、顧問契約をしてくれる企業を見つけることが大変なのです。たとえ見つかったとしても、相手の信頼を得られないと契約にまで至りません。

独立開業を目指すのであれば、まず自分はどの分野で勝負をするのかを決めることから始めましょう。そして、その領域でプロになるためのノウハウを身につけて、ステップを踏んでいくことが必要になります。

コンサルをやるための知識を蓄える

前述したように、コンサルをやるには、まずは専門知識をインプットしなければなりません。とくに、独立開業するのであれば、財務、営業、人事、マーケティング関係の知識は必須です。それがわからない人はこの世界では通用しません。

とくに重要なのは次の3つです。

❶財務諸表が読めること
❷マーケティングマインドを持つこと
❸人事労務についての一定の見識があること

では、どうやってこれらの知識を得ればいいのでしょうか？

もちろん、一人で一から勉強するのもいいですが、いちばん手っ取り早いのはそこそこの規模のコンサル会社に就職して経験を積むことです。まずは組織に属し、そこから徹底的にノウハウを盗むことをオススメします。

コンサル会社にはマニュアルや一種のひな形があるので、それを参考にすればコンサルの要諦というべきものが理解できると思います。そして、それを自分なりにカスタマイズして、コンテンツをつくるのです。大手で学んだことは、中小企業でも使えますから。

大事なのはコンテンツづくりです。

そのためには本を読むことも大切です。私も報告書をつくるときなどは、いろいろな本を読んで、その中にある図表などを参考にします。

私のパソコンの中には、いままでつくってきた膨大なコンテンツが入っています。そこに、時代とともに新しい情報を加えながらアップデートしていきます。こうしておけば、研修や講師の依頼が来た場合でもすぐに資料がつくれます。

ただし、ネットで検索して得た情報をそのままコピペするのはNGです。自分なりの形につくり変えなければいけません。

たとえば、本に載っている図表にしても、そのままコピーして使うのではなく、自分で描いてみないと身につかないのです。

もちろん、ネットで調べるのは悪いことではありません。私もよくやります。でも、それをそのまま貼りつけて報告書をつくったら、クライアントは「それ、なんやねん」と呆れ果ててしまうでしょう。

コンサルに限りませんが、仕事をなめると、後で必ず手痛いシッペ返しが来ます。

何よりも大切なのはコンサルになる覚悟

順序が逆になったかもしれません。

コンサルを目指している人に、まず私が聞きたいのは以下のことです。

「なぜ、あなたはコンサルになりたいのですか？」

このコロナ禍で副業が伸びています。副業の中でもニーズが高いのはコンサルです。コンサルになりたいと考えている人が増えている。たとえば、「自分はＳＮＳに詳しいので、その知識を中小企業の経営者に教えてあげよう」といった副業も出てきています。

コンサルになろうと思うモチベーションは人それぞれ。ただ、私はコンサルになるのなら、それなりの覚悟が必要だと思うのです。

たとえば、〝コンサルになって成功する〟といった本は山のように出ています。でも、実は成功することが目標ではないのです。

大事なのは、コンサルとして成功し、自分がどういう人生を手に入れたいのかということです。

稼ぎたいのか？　それとも世の中に貢献したいのか？

私の場合、たまたま2年目から1000万円を稼ぐようになりましたが、そもそも金が目的だったわけではありません。結果としてそうなっただけです。

私がいちばん重視しているのは「使命感」です。

私のコンサルとしての信条は、一人でも多くのお客さんの悩みや課題を解決し、すべてのお客さんに元気と活気を提供し、一緒に喜びを分かち合うこと。それが私自身の幸せにもつながっていくのです。

私の幸せとは、自分の好きなこと・得意なことを磨き、それで世の中の役に立ち、自分を成長させ、まわりの人たちを幸せにすることです。どんなに好きで得意なことを仕事にしても、まわりの人を不幸にするようでは、自分も絶対に幸せにはなれません。そのことをいつも肝に銘じています。

なんて、ちょっとカッコ良すぎでしょうか？

「使命感」などと言うと、中小企業を救いたいとか、社会に貢献したいとか、そういった高尚なことをイメージするかもしれませんが、そういうことではありません。要は、自分なりの喜びを見つけていって、その延長線上に誰かの役に立てればいいのです。

私の場合、経営者の傍らにいて、悩みを聞いてあげて、その結果、経営が改善されて、お客さんから「ありがとう」という言葉を聞けることがいちばんの幸せです。小さな喜び、小さな幸せの積み重ねでいいと思っています。

中小企業診断士を目指す教え子たちにもよく聞くのは、「なぜコンサルになりたいのか？」ということです。

副業でもいいし、サラリーマンを定年した後の保険でもいい。でも、明確なビジョンや思い、使命感がないと続けることは難しいと思います。そして、他人と比較せず、個性を大事にして自分らしくやっていく。使命感というのは要するに、コンサルという職業に対して、自分なりの喜びや目的を明確にしておくということです。それがあれば仕事はブレないでしょう。

私は本田宗一郎さんが好きで、「ああいう生き方をしたいな」という思いがあります。後悔しないように死んでいきたい。教え子たちにもよく「後悔しない人生を送れ」と言っています。

失敗はいくらしてもいい。一度きりの人生、自分の好きなことをやったほうがいいと思います。型にはまる必要はありません。

コンサルを目指す人には、まずこう問いたいと思います。
「あなたはどう生きていきたいのですか?」

成り上がりたいという気持ちも大事

とくに若い人であれば、コンサルになる目的が最初は「お金を稼ぎたい」ということでもいいのです。「金持ちになりたい」というモチベーションは大事です。

私が銀行を辞めたのは35歳でしたが、そのとき思ったのは「50代になっても60代になっても、大学や銀行の仲間に卑屈にならないように、自分はお金を稼がなければいかん」ということでした。大手企業に勤めている人の給料と変わらないくらいは、絶対に稼ぐぞと思っていました。そして、60歳までにいくらの売上を上げるという計画を立てました。そういう動機がないと、逆にダメなのです。

日本の悪いところは、「金持ちになりたい」という人をネガティブに考えることです。「稼ぐ」とか「儲ける」という言葉をとても嫌がるし、お金のない人はお金のある人を妬む。でも、株で稼ごうが何をしようが、成り上がっていいのです。

当たり前のことですが、やはり貧乏よりもお金があったほうがいい。私が中小企業の経営者によく言うのは、「貧すれば鈍する」ということ。貧しいのは良くないことなのです。人が寄ってこなくなります。

私は会社を経営していたときに、中古のベンツを衝動買いしたことがありました。30代半ば過ぎのときです。正直、見せびらかしたいという気持ちもありました。でも、そういう時期があってもいいと思うのです。

良いものに触れておくことは絶対に必要です。

私はバブル世代ですが、バブルを体験していて良かったと思います。若い人にはよく言います。

「もっと弾けろ！　バカになれ！」と。

でも、必ずいつか気づきます。お金だけでは虚しいということに。成り上がってもいい。成り上がった後に、どこかで謙虚になる時期を迎えることができれば、結果オーライなのです。

中小企業診断士も一つの選択肢になる

経営コンサルタントを認証する唯一の国家資格が「中小企業診断士」です。いま、有資格者は全国で2万4000人ほどいます。最近人気の資格で、日本経済新聞社の調査によると、「ビジネスパーソンを対象に新たに取得したい資格」ランキングで2016年に1位を獲得しました。

とくにサラリーマンから人気があり、合格者の7割が企業勤めだそうです。合格率は4～5%と難易度はかなり高いですが、頑張って勉強すれば取れるはずです。

コンサルとして独立開業を目指すなら、この資格は大きな武器になるでしょう。国家資格ですから、相手はその部分はとりあえず信用してくれる。難易度が高いことも認知されてきているので、独立して最初の営業活動の際には、「難しい試験に受かった人ですね」と見られるでしょう。

だから、資格はないよりはあったほうがいいと思います。だからと言って、資格がなければコンサルとして成功できないというわけではありません。

人によって状況は違うので一概には言えませんが、中小企業診断士になるためには一般に勉強時間は1000時間が基準です。1年間でストレート合格を目指すなら1週間に20時間の勉強が必要と言われています。

毎年8月に行われる1次試験は土日2日間かけて、経済学・経済政策、財務・会計、企業経営理論、運営管理、経営法務、経営情報システム、中小企業経営・政策の7科目の学科テストが行われます。さらに10月に筆記、12月に口述の二次試験があります。

これに合格すると、3年以内に15日間の実務補習・実務従事を受けるという3段階のステップがあります。受験料は1万3000円です（2020年度）。

試験問題は私が受験した頃とはだいぶ変わっていますが、MBA（経営学修士）の試験によく似た問題が出題されます。試験範囲はかなり広いのですが、経営に関するひと通りの知識を体系的に学べます。実際、中小企業庁を所管する経済産業省は、中小企業診断士の資格を「日本版MBA」と位置づけています。

私の場合、この試験のために勉強した内容がいまの仕事にとても生きています。とくに、企業戦略やマーケティング戦略を多面的な視点で考えるフレームワークやマインドマップによる思考プロセスが身につき、キーワードで関連づけて覚えていくという習慣がつきました。

なお、私が福岡県中小企業診断士協会で行っていたのは「登録養成課程」というもので、中小企業庁の示すガイドラインに基づいた演習・実習によって構成されたカリキュラムを修了することで、２次試験と実務講習が免除されます。養成課程の費用は２２０万円（２年）ほどかかりますが、働きながら通え、かつ難関である2次試験を受けずに資格が取得できるというメリットがあります。

ただし、中小企業診断士の資格を取れば、すぐにコンサルとして実践に生かせるというわけではありません。実際のコンサルの仕事はそれぞれの企業に合わせて行わなければ意味がないので、経験による応用が必要になります。

読む・書く・喋る能力は絶対に必要

前述しましたが、コンサルに求められる基本的な能力は「読む」「書く」「喋る」です。

まず、読む力がなければ知識を蓄積できません。そして、報告書や計画書が書けなければ仕事になりません。

しかしいちばん重要なのは、喋る力、つまり会話力・質問力です。これが苦手な人はコンサルにはならないほうがいいでしょう。

ここで、私が考えるコンサルに必要な能力を図にしてみました（次ページ）。これを見ればわかるように、読む、書く、喋るがそのほとんどを占めます。そして、あとは健康・体力です。

実際にクライアントにアプローチするとき、とくに重要になるのが表現力です。つまり、わかりやすく喋ることができる、わかりやすく書くことができる、ということです。そのためには現場に強いということも条件になります。

そして、クライアントをわかりやすく導くためには教え上手でなければなりません。そのポイントは次の通りです。

1 解決までのストーリーを明確にする
2 課題がどのような問題によって構成されているかを解きほぐす
3 外国語はなるべく使わず、日本語に翻訳して話す・書く
4 難解な用語については必ずわかりやすく説明する

コンサルに必要な能力

1 分析力

情報収集力・情報排除力
原因把握力
多角的情報分析力

2 問題解決力

比較力・実態把握力・判断力
対策立案力・評価力
構想力・論理展開力

3 企画・提案力

構想力
論理展開力
文章力

4 実行・指導力

行動力・判断力・説得力
統率力・総合判断力
助言力・対人折衝力

5 胆力

包容力・精神力
忍耐力
使命感

言葉の力がコンサル能力を左右する

読む、書く、喋る。これはつまり「言葉の力」です。よく、「政治家は言葉を扱う仕事」と言われますが、コンサルもまさにそう。言葉の力がコンサルの能力を左右します。

と、偉そうに言っていますが、実は私は国語が大の苦手でした。受験のときにいつも国語が足を引っ張っていた。それでいっときは親を恨んだものです。そして、周囲を見渡すと、頭のいい人というのはみんな読書好きでした。

前述したように、私が本を読むようになったのは、銀行で挫折して自立神経失調症になり、仕事を休んだことがきっかけでした。

仕事柄もありましたが、その後はいろいろなジャンルの本を読むようになりました。それで少しずつ語彙が増えていったのです。

母親からも「おまえはいろいろな言葉が出るね」と言われるようになりました。自分でも実感しています。うまい言葉が出るようになったと実感するようになったのは、37歳で会社経営に参加した頃からでしょうか。社員にも自分の言葉が響いていることが体感できました。

いまもクライアントの経営者に対して、うまい言葉を使えて、それで相手が動いたらとても嬉しいのです。

本を読み出す前の自分は言葉が出ていなかった。それで自信がなかったのです。だから、挫折したのだと思います。

しかし、本を読み出して、いろいろな言葉を使って相手に自分の意思を伝えることができるようになり、それで徐々に自信がついていったのです。

ただし、本で知った言葉をそのまま使ったのではダメ。自分の言葉にしないと相手に伝わりません。

私はいまも仕事柄、さまざまな本や雑誌、新聞を読みます。雑誌では『週刊ダイヤモンド』『日経ビジネス』『プレジデント』『ニューズウィーク』『企業診断』、新聞は『日経新聞』『日経MJ』などなど。そして、本や雑誌に共鳴することもあれば、「この部分は自分の考えとは違う」などと思いながら、あるいは時事問題であれば「自分だったらどう考えて行動することが大切か」などと考えながら読みます。

ただの受け売りではなく、自分の考えをしっかり持つことでクライアントとのコミュニケーションが成立するのです。

私にはこんな習慣があります。

それは、本を読んで感銘を受けた言葉や仕事に役立ちそうな文章をシステム手帳に書き写すことです。

これは私が銀行のM支店に勤めていた頃から始めた習慣です。

支店長がシステム手帳に、お客さんの収益状況や銀行からの借入状況などをすべてメモって、いつも持ち歩いていました。それを真似したのです。

挫折して人生哲学の本などを読んで、いい単語に触れたときにそれを記憶に残したいと思いました。本を読んで感動しても、それを忘れてしまうことがよくあります。だから、手帳に書きはじめました。それをいまもずっと続けています。

中小企業診断士の指導をしていたときにも、教え子たちにその手帳を見せていました。それを見て真似する人は成功していきます。私だって真似から始まったのですから。仕事ができる人たちのやり方、いい習慣の真似をずっとやり続けているだけなのです。銀行を

日経ビジネス
PRESIDENT
カキカキ

辞めた翌日から日記も書きはじめました。

ある講演で〝TTP〟という言葉を聞きました。「徹底的にパクる」という意味です。それをやっていくと最終的には自分のものになるのです。

松下幸之助さんがつくったパナソニックという会社（旧称・松下電器産業）は、昔は「マネシタ産業」と言われていました。へたに革新的な商品を世に出してスベるより、二番手でもいいから確実に売れるものをつくるのが基本的な戦略だったからです。講演などでそういう話もよくします。

「革新」というのは、必ずしも一から新しいものを創造することだとは限りません。徹底的に人のモノマネをすることによって、それがいつの間にかオリジナルに変わっていくのです。

世の中をドラスティックに変えるのは、そうそうできることではありません、それはスティーブ・ジョブズなどの天才がやればいい。残りのほとんどの人は凡人です。われわれ凡人は「凡事徹底」でやり続けることが大切です。それが私のスタイルです。

手帳も日記も誰かから勧められたわけではなく、自分を変えるためにやろうと決め、それをただ愚直に続けています。私は両親からも恩師からも言われてきましたが、決して要領よく器用な人間ではありません。自分にとって当たり前のことをずっと続けているだけです。毎日、顔を洗って、歯を磨いて、手を洗うのと同じように。

そして、そこから自分なりの「型」のようなものができていくのだと思います。

女性にモテないような人間ではダメ

コンサルを目指すなら、女性にモテなければダメです。

「どういう関係があるんだ?」と思うかもしれません。でも、そうなのです。

別の言い方をすると、自分が人からどう見られているかを意識することが大切だということです。基本的に、人に対して不快感を与えてはいけません。別段好かれる必要はないのです。

いま思うと、私が銀行で挫折したときは八方美人でした。これは母の性格から来ているのですが、すごく気配りをする人間で、他人の目を気にしすぎていたのです。

まわりの評価を気にして、「こうでなければいけない」というプレッシャーを感じていたわけです。

アドラーという心理学者の本にも書いてありますが、好かれることをやめると楽なのです。かと言って、相手に不快感を与えてもいけない。その人の醸し出す雰囲気というものがあります。それが大事なのです。

同情を買おうとするような雰囲気を漂わせたら相手は引きます。愚痴や昔の苦労話ばかりされても面白くないでしょう。

自分の苦労を面白おかしく話せるようなキャラクターがいい。

もちろん、持って生まれた資質もあるかもしれませんが、それができれば女性にモテます。そして、女性にモテればコンサルとして成功すると思います。

独立のためには支援者の存在が必要

コンサルとして独立するために重要なのは、まず「独立したい」という思いの強さです。

次に、自信です。

この本を読んでいる独立志向の方は、おそらく自分の能力に自信を持っているでしょう。

でも、どんなに能力があったとしても孤立無援では独立して食べていくのは難しい。支援者が絶対に必要です。

会社の上司や取引先、友人、指導してくれた人など、「あなたならできるだろう」という評価が自分の気持ちを後押ししてくれます。

私の場合、流されるままに自分でやりはじめたという経緯はありますが、銀行を辞めてコンサル会社を探しているときに、当時の恩師である中小企業診断士の先生が、「あなたは読むこともできるし、書くこともできるし、喋ることもできるから向いているんじゃないの」と言ってくれた。それが私の中で大きな拠りどころになっています。

人生の岐路に立ったときに誰かに相談することはよくあります。そこで良い助言者に恵まれるということも大事ですが、その人からの評価がむしろ自分にとって大きいのです。

人間は他人から影響を受けて成長していくものです。たとえば、コンサル会社で何年か勉強し、上司などから「君ならできるんじゃない？」と言われたら自信を持っていい。まわりの人からの評価というのは、独立してからさらに重要になります。それが即、集客につながるからです。

評価してくれる人がいれば、仕事を紹介してもらったり、支援してもらえる可能性があります。

私は中小企業診断士の教え子などに「仕事が忙しい同業者とつき合いなさい」と言っています。忙しくて誰かに手伝ってほしいと思ったときには当然、仕事ができると評判の人にお願いします。それで実際に「この人はできる」と思えば、別の仕事を紹介しようと思うわけです。まわりからの評価というのはとても重要な要素なのです。

とくに、独立して「さあ、これから！」というときには、誰かから評価されているかどうかがモノを言います。

行政関係などでもそうですが、その窓口の人を紹介してもらえるかどうか、入り口の部分がとても大事になります。

逆に、誰も応援してくれる人がいなければ、独立して成功するのは難しいでしょう。

コンサルの成功に必要な「人間力」の向上

ここまでお話ししてきたことをざっとまとめましょう。

まず、コンサルには次の3つの力が必要です。

①気力

いくら良い提案ができたとしても、コンサルの話し方に力がこもっていなければ、自信なさそうに聞こえますし、話に迫力がありません。迫力がなければ説得力は出てきません。説得力がなければ、たとえ良い提案でもクライアントは実行しようという決心がつかず、結局は業績には結びつきません。

②智力

前述したように、コンサルには専門知識が必要です。でも、その知識も借り物では無用の長物です。とくに、現場経験の少ないコンサルは頭でっかちで、提案が抽象的になりがちです。

クライアントが実行して効果の上がる提案をするには、知識と経験に基づいた「智恵」が必要です。智恵とは智力です。中小企業診断士の資格を取ったからといって、すぐに仕事ができるわけではありません。クライアントの経営者や管理職以上の知識がなければ相手にされません。

③体力

コンサルは机にかじりついてばかりでは仕事になりません。体力がないと続けられないのです。

そして、重要なのはここからです。

コンサルにいちばん求められる資質とは何か？

それは前述したように「人間力」です。

人間力というと漠然とした言い方に聞こえますが、私は具体的に次のようなことだと考えています。

1. 相手の会話からだけでなく、行動からも考えや気持ちを理解しようとすること
2. 自分のこれまでの経験や仕事、日常生活を通して、相手のことを理解する能力を身につけること
3. 相手への気配りと感謝を行動で示すこと
4. 資格の有無よりも、人として信頼されること

5 悪いところを指摘するだけではなく、相手を認めて、褒めること

6 自分が認められたいという欲求を抑え、謙虚な気持ちで相手と向き合い、行動すること

7 もし自分が失敗してしまい、その失敗のリカバリーができないのであれば、正直に失敗を認める対応をすること

人間力というのは、クライアントとの「コミュニケーション力」の根幹です。

そして、まず大切になるのが、常にクライアントである経営者の心の傍らに寄り添うという基本姿勢です。

さらに、相手にワクワク感を与える人間になることです。それは難しいことではありません。次のように、ごく当たり前の人間性を身につけることです。

1 礼儀正しい

2 謙虚である

3 勇気を与える

4 熱心で前向き

5 自信にあふれて活気がある
6 信頼できる

人間力を向上させること。それがコンサルとして成功するための最大のポイントです。
ぜひ、覚えておいてほしいと思います。

3

第3章 経営コンサルが実際にやること

初めて会った相手をなごませることから始まる

コンサルにとっていちばんの勝負は、紹介依頼のあったクライアントと最初に会う初回面談の場面です。

私たちの言葉では「マッチング」と呼んでいます。

そこで、本題から入るのは絶対にNGです。

初対面ですから相手も緊張しています。そこでいきなり、「お困りのことは何ですか?」と聞いても、まず相手は本音を明かしません。

そもそも問題があることはわかっているわけです。でも、あえて最初はそれには触れません。まずは雑談から始めて、相手の緊張をほぐすことが大切です。〝つかみ〟の部分ですね。

話題は何でもいい。名刺交換から始まり、クライアントの社名の由来や会社の歴史、社長の趣味などをさりげなく聞いていくのです。家族構成なども聞けたらいいでしょう。相手のオフィスでの面談であれば、まわりを見回して、その部屋に何か話のネタがないか探したりすることもあります。

とにかく、「この人は話しやすいな」と思ってもらえなければ始まらないのです。その目的は、これからいろいろヒアリングしていくために、経営者や従業員が話しやすい雰囲気をつくることです。その際、重要なのは「こちらの目線を下げる」ということ。とくに中小企業をターゲットにするコンサルでは、こちらはバカになりきることも大切です。堅い話しかできないようではダメです。

コツは「教えてください」という姿勢で接することです。たとえば、「業界のことがわからないので教えてください」と。コンサルはクライアントから〝先生〟と呼ばれます。「教えてください」と言うと、立場が逆転して、〝先生〟に教えるということで相手の自尊心がくすぐられるのです。

業界の環境などを聞いていくにしても、当然、仕事として環境分析や業界の状況はネットや本で事前に調査した上で、「業界のことを教えてください」と言うのです。

私は仕事柄いろいろな業界に携わっており、もちろん自分でも調べますが、そんなことは微塵も出しません。実際にそれぞれの業界のプロではないのでわからないことも多い。それでクライアントに「教えてください」と言うと、相手が教える側になってどんどん話してくれるわけです。そして、心を開いてくるのです。

こちらも素人だから素直に聞くことができる。そして、いろいろ話してくれる中で、たとえば、業界の常識にとらわれすぎているなど、その会社の問題点が見えてくることもあります。

こうして相手の本音を引き出していく。そのへんのコミュニケーション能力が非常に重要です。ところが、エリートだったり、年配の人にはそれがなかなかできない。バカになりきれないのです。

それから、学歴が高く、頭のいい人に共通しているのは、横文字や専門用語を多用しすぎることです。中小企業でも経営者であればプライドがありますから、わかったフリをして「はい、はい」と言っていますが、内心では「こいつは何を言っているんだ?」と思っているはずです。

私は教え子に報告書を書かせるときも、カタカナ語や専門用語を使わなければならないときは、必ず下に注釈を入れるように指導していました。そこまで気をつかいます。できるだけ、「相手は知らないのではないか?」という前提で物事を話さなければなりません。

相手と話すときの態度や仕草、口癖にも十分神経を行き届かせる必要があります。教え子たちに厳しく言ったのは、「腕を組むのはやめなさい」ということです。〝腕を組む〟というのは威圧のポーズなのです。

実は私もそうなのですが、腕を組むのが癖になっている人は少なくありません。銀行に入ってから大学の野球部の先輩と飲んだときに、つい腕を組んでしまい、「おまえ、注意したほうがいいぞ」と指摘されたことがあります。

〝足を組む〟というのも同じです。相手が経営者であればなおさらですが、腕を組んだり足を組んだりしないように意識しておく必要があります。

また、目上の人に対して「なるほど」と言ってはいけません。「なるほど」と相槌を打つ人も多いですが、実際は話を深く理解しているわけではなく、ただ癖で言っているだけという場合がほとんどです。相槌を打つなら、ただ頷くのがいいでしょう。

繰り返しますが、初回面談の目的は相手をなごませることです。面談が1時間だとしたら本題は10分でもいいのです。雑談をいっぱいして、最後の10分くらいで「こういうことでお困りでしょうか?」という形でさりげなく本題を匂わせて、「では次にお邪魔したときにいろいろ詳しくお聞かせください」と終わります。

相手が「この人なら信頼できる。何でも話せる」という雰囲気になっていたら、あとはスムーズに流れていきます。

信頼を得るためには自分をさらけ出す

言うは易しで、初対面の相手をなごませるというのは本当に難しいものです。

なごませるための方法の一つとして、私が多用するのは「自分の失敗談を話す」ということです。〝先生〟の失敗を聞くと、相手は安心します。

そこで波乱万丈な私の人生が活きてきます。何しろ私の場合、失敗談には事欠きません。

実は、多くのクライアントが初回面談で私と会うことに戦々恐々としています。それは紹介者があらかじめ経営者に、私について「めちゃくちゃ厳しいよ」「腹をくくったほうがいいよ」と脅かしているからです。これは助かります。自分で「私はこういう人間だ」などと言ったら相手は引いてしまう。それを紹介者が前段階で上手にさばいてくれているわけですから。

そして初対面のときに私は、自分の経歴や失敗談、挫折体験などを話して、その先入観を崩すわけです。

私が経営に関わっていた頃に読んだある本に、顧客との距離感を近づける方法として、①自分の生い立ちを話す、②自分の命に関わる話をする、③自分の失敗談を話す、④恥ずかしい体験を話す、⑤自分の家族のことを話す、⑥自分の趣味について話す、と書いてありました。

「なるほどなあ」と思い、若いスタッフに対して試してみると、コミュニケーションが取りやすくなったのを覚えています。それをいまも実践しているわけです。

②の命に関する話をすることもあります。

私は3年前に心不全を患い、拡張型心筋症と診断されました。幸い軽症でしたが、当時の主治医に「治療をしなければ何年くらい生きられますか？」と質問したところ、5年と言われました。そのとき初めて「死」ということを直視しました。いまも毎朝7錠の薬を飲み続けないと、私の心臓は維持できないのです。

この6項目を相手に不快感なく、しかも大袈裟でなく、同情も買わないように面白おかしく話すと、相手も「実は私も……」などと話してくれて信頼関係が構築できます。

できるだけ、自分の恥ずかしい話をするのがいいのです。誰だって成功体験や自慢話は耳に障るし、失敗ネタのほうが面白いわけです。

だから、私は離婚した話、自立神経失調症できつい思いをしたこと、自分は銀行員だったけど経営する側に回り、赤字になって銀行員にボロクソに言われて頭に来た、といった話をします。

そうすると距離が一気に近づくわけです。お客さんの側は「厳しいと聞いていたけど、この人は何でもさらけ出すし、面白そうな人だ。頼ってみようかな」と思うのではないでしょうか。

また、私の名刺には「経営・財務コンサルタント」と入れているのですが、「私はコンサルタントが大嫌いで。テレビドラマなどでもコンサルタントはよく殺されるでしょう?」といった話をすると、相手は必ず笑って、リラックスした雰囲気になります。

実際に私はコンサルタントが好きではありません。メガバンクにいましたから、金融機関はコンサルタントをあまりいい目では見ない。そういう話をすると、「この先生は自分がコンサルタントなのに、変な人」と思うはずです。

要は、自然体で喋ることが大切なのです。

ドス!!

失敗談ばかりじゃなくてもいい。自分の生きざまとか、親から受け継いだ考え方とか、仲間の面白話など、何でもいいのです。私はたまたま野球をずっとやってきたので、スポーツを通じて学んだチームワークの話などもよくします。

まずは相手とフランクな関係を築くこと。それがコンサルティングのスタートです。

会話を続けて相手の性格を見抜く

初回面談は相手との距離を縮めることが最大の目的ですから、なるべく多くの会話をしたいものです。もちろんこちらが一方的に話したのではダメ。相手をリラックスさせて話を引き出すことが大事です。私の場合、雑談が多いので、初回面談で2時間くらいすぐに経ってしまいます。

まずはこちらが自分をさらけ出し、長く会話を続けながら、相手の人となりや性格を見きわめていきます。そこで決め手になるのが会話力と質問力です。

コンサルはいろいろな切り口から質問できなければなりません。そのためには知識やバックグラウンドが必要です。知識のないことについて会話していると質問することはできませんし、会話が続かず沈黙する時間ができてしまいます。それは相手を緊張させます。私が銀行にいてうつ病のようになって苦労したときには、相手と会話をしていて間ができることがよくありました。知識がなくて、間口が狭いから、質問ができないのです。それで人と話す場へ行くのが怖くなりました。

会話を続けるコツとして、「相手の話を肯定する」ということも大事です。絶対に否定語からは入らないようにします。

「社長、いいじゃないですか。でも……」ではなく、「社長、いいじゃないですか。それで？」が基本です。

反論するときでも、最初から「ｂｕｔ」と否定するのではなく、イエスバット（ｙｅｓ ｂｕｔ）法が基本です。「そうですね（ｙｅｓ）」と肯定してから、「しかし（ｂｕｔ）」と自分の意見を伝えるのです。

実際に私は、基本的に他人の生き方やり方を否定しません。前提として、自分と他人は違うと思っているからです。生き方も人生も違うのだから、それを他人がとやかく言う筋合いはないと思っています。自分でもそういうことを言われるのは嫌だから、まず相手を認めるところから入ります。実際、クライアントからも「先生は必ず認めてくれますよね」とよく言われます。

ただ、話術というのはその人の持って生まれたセンスもあります。会話力のない人は違う仕事を探したほうがいいかもしれません。私は教え子に「あなたには無理」とダメ出しをしたこともあります。

とはいえ、私も初対面で「この人は苦手だなあ」と思うこともあります。とくに、相手が無口な場合は大変です。

実際、あるクライアントはなかなか喋ってくれなくて困りました。どんな話なら食いついてくるかと、いろいろ質問を重ねました。でも、なかなか話が盛り上がらない。あまりにも無口で、こちらも背中に脂汗が浮いてくる。こうなると、笑顔も凍りつきます。

話が転がるきっかけはゴルフでした。

実は、私は名刺の裏に自分の経歴や趣味を書き込んであります（次ページ）。

趣味はゴルフ・野球・読書と入れてある。そこから共通の話題が見つかることもあります。また、自分の卒業した高校の話から、「先生はここの出身ですか？」と聞かれて話が

■プロフィール
昭和37年福岡県生まれ
昭和56年福岡県立明善高等学校卒業
昭和61年長崎大学経済学部経済学科卒業
三和銀行（現三菱UFJ銀行）→某コンサル会社→某ベンチャー企業
平成17年8月独立開業

■主たる業務分野
□飲食業・卸小売業・サービス業・建設業・製造業・運送業等の経営再生支援
□経営改善・経営革新・創業・多角化のための診断・評価・実行支援
□資金調達及び資金繰り改善の実行支援
□人材能力アップのための社員教育プログラム立案と講師受託

■専門委員等
□福岡県中小企業診断士協会 正会員
□福岡県中小企業事業再生支援協議会専門家
□福岡県中小企業振興センター専門家
□福岡県事業承継支援ネットワーク専門家 等

■趣味
□ゴルフ・野球・読書

著者の名刺の裏

弾むこともあります。

地名を知っているというのも大きいです。話の流れで相手に馴染みのある地名をこちらが知っていれば、そこで相手も和みます。そういう意味では、自分の地元で独立するのは大きなアドバンテージがあります。

私は地元が福岡ですが、もちろん知らない地名もあります。知らない地名が出てきたら、逆に「それは地名ですか？」と聞いたり、面白い地名だったら「その由来は何ですか？」と聞けばいい。そこから話がうまく転がっていくかもしれません。要は、相手が和むことがいちばん大事なのです。

経営者が知らないことを気づかせる

相手の心を開いたら、いよいよ本題に入ります。

私の場合ですが、相談してくるクライアントは業績が悪くて困っている。でも、それがなぜなのかをわかっていないことがほとんどです。

そこで、経営者が知らないことを伝えて行動させる。それがコンサルの存在価値です。

その際、重要なのは相手のプライドを傷つけないということです。

私はよく、「社長もご存知だろうと思いますけど……」と前置きするようにしています。とくに、私は業績の厳しい会社を再生させるためのコンサルをするので、経営者のプライドを傷つけないように気を配ります。

私が関与する企業は当然、財務内容が悪い。でも、決算書というのは結果です。私は決算書を見て分析し、まず経営者に「どこが問題だと思いますか?」と聞いていきます。相手に説明させることで、その人が現実をどのように理解しているか、どの程度勉強しているかなどがわかります。

いちばんの問題は、ほとんどの中小企業に計画がないことです。

ですから、「なぜ計画がないんですか?」ということから話を始めます。実業家・渋沢栄一の教え「夢七訓」などの話を例にとりながら、「やっぱり目標がないとダメですよね。そして、目標を達成するにはそこに至るための計画が必要ですよね」と話していきます。

経営陣がやるべき仕事は、計画をつくったり、社員の給与などの制度をつくることです。その基本的なことのできていない経営者が多い。中小企業はそういった内部環境が整っていないことが多いのです。

でも、それができていないからダメだと責めることはしません。できていないものは仕方がない。今後はつくっていきましょうと促していきます。

それで、いろいろな数字を分析して計画を一緒につくっていく。当然、私がつくる場合が多いのですが、実行できない計画をつくっても意味がありません。実現可能な計画をつくった上で、いちばん大事なことは実行を促すことです。やらせることが肝心なのです。そういった当たり前のプロセスができていないから、そこを教えていくわけです。

中小企業の人たちには外圧がかかりません。いまの金融機関にも問題があるのですが、金融機関が外圧になっていないのです。

本来、中小企業とメインバンクの取引関係は借入だけではありません。借入以外にも、取引先の紹介や経営指導・アドバイスなど、企業経営にも大きな影響を与えるサービスが行われるべきです。しかし、それができていません。

金融機関は取引企業の数字だけしか見ない。それで良かったか悪かったかしか検証していません。

いまは「事業性評価」といって、金融機関は企業の事業を評価して支援していくようにとされています。しかし、この失われた10年20年の間に銀行も社員教育がおろそかになってしまっています。

だから、金融機関が中小企業に経営改善をやらせていない。「資金繰りの計画をつくりなさい」と言っているだけで、支援をしていないのです。私はそういうところも引き合いに出して「銀行の能力も劣化していますよねぇ」などと言いながら、上手にクライアントの意識を変えながら、必要な改善計画（数値計画）を一緒につくっていきます。

計画をつくったら、いちばん大事なのはモニタリングといって実行を支援することです。実は、経営診断プロセスの中で肝心なのは、この「実行支援」なのです。

「金融・財務コンサル」がすること

企業の経営活動というのは、人・物・金・情報を上手に組み合わせて経営目的を実現することです。その究極のゴールは「儲けること」と「お金を貯めること」です。当たり前の話ですが、うまくいっていない企業は財務面が脆弱であり、コンサルにとっては財務体質の改善をサポートするのがいちばん大切になります。銀行にいた私にとって金融・財務コンサルは得意とするところでもあります。

では、金融・財務コンサルとは実際にどういうことをするのでしょう?

簡単に言うと、企業の資金戦略を検討・立案することです。業務プロセスの改善、資金調達や投資戦略立案、ときにはM＆Aに関するアドバイスもします。

実際に行うことは大きく次の3つに分けられます。

①詳細にわたる経営分析を行う

企業の収益性、安全性、成長性を分析し、経営課題を洗い出します。そして、具体的な経営計画をつくることでサポートします。

②資金繰りのためのアドバイスをする

経営状況が悪化している企業経営者の最大の悩みは資金繰りです。私はメガバンクでの勤務や自分でも経営実務にタッチした経験を生かして、資金調達のために、借入書類を作成したり、実際に銀行と交渉する際のアドバイスなどを行います。

③経営者の良き相談相手になる

中小企業のコンサルにとってここがいちばん大切な役割です。中小企業には経営に精通した人材が揃っているとは限りません。そこで、経営者のパートナーとして会計・財務面の相談に乗ってサポートを行います。

そして、金融・財務コンサルによって得られる効果としては、次のようなことが挙げられます。

・財務諸表により経営状態を分析することで、経営課題が明確になる
・金融機関が納得する資料が作成される
・正確な経営管理資料で経営状況が見える化されて、銀行などへの説明の信憑性や説得力が高まる
・過去の資金繰りを把握し、未来の資金繰りを予測することで、資金管理が明確になる。
また、経営者の抱えている悩みや課題が解決される

私が扱う金融・財務コンサルの商品群（コンテンツ）には、資金繰り改善指導、金融機関に提出する経営資料作成支援、資金調達支援、経営分析および経営診断、銀行格付け診断、部門別予算管理システムの構築支援、などがあります。

私は、こうした取り組みを通して、中小企業の経営改善、再生支援を行います。

コンサルを行う上でとくに重視していることの一つは、「現場力」です。

実際に現場へ足を運んで経営者と話し合い、生きた情報に触れながらコミュニケーションを取ることで、その企業の問題の本質が明らかになります。

そして、解決策を提案したとしても、それを実行しなければ絵に描いた餅に過ぎません。大事なのは実行すること。とくに、中小企業のコンサルに求められる最大の役割は「ともに考え、行動すること」です。

コンサルの仕事は相手に本気で行動させること

経営者と話し合いながら計画をつくり、計画ができた後に私が必ず言うのは「やらないとダメですよ」ということ。銀行からの外圧がかからないので、やらなくても社長たちは誰からも怒られません。

勉強と同じです。まわりから「やれ、やれ」と言われなくても自主的にやるのは一部の優秀な人だけ。基本はやりたくない。でも、なぜやらなければならないか、その必要性を理解すれば嫌でもやるようになります。

経営者にとって、なぜ計画が必要なのか？　なぜ売上が必要なのか？　なぜ利益が必要なのか？

すべては「社員を守るため」です。そうした根本について、しっかりとした考えを持っていない経営者が多いのです。

そこをしっかりと認識させて、経営者本人に「あ、やらないといけないな」と思わせることがいちばん大事なところだと思っています。

「人を動かす」。これこそがコンサルの仕事なのです。

私の手帳には次のようなことが書いてあります。

「コミュニケーションとは、何を伝えたかではなく、何が伝わり、相手がどんなアクションを取ってくれたか。つまり、人を動かすことである」

人が動いて結果を出すということが、「コミュニケーションが成立した」ということなのです。そこまでできているのは大手コンサル会社も含めてあまりないと思います。コミュニケーションの本当の意味をわかっていないのです。

納得して実行させることに最大の力を注ぐ

コンサルにとって「相手を動かす」というのは、クライアントである経営者に「会社を良くしていこう」という本気を出させるということです。そして、納得させて実行させること。私はそこに最大の力を注いでいます。

実行してみたけれど結果が出なかったら、それは反省して修正すればいいのです。「後悔はするな」ともよく言います。いくら振り返って後悔しても過去は戻ってこない。反省して間違っているところがわかったら修正していけばいいのです。

実際に、計画を実行させるために、顧問契約をした会社へ月に1～2回出向いて会議を行い、実行しているかどうかを確認します。

ロードマップという言葉があります。行動計画。私の場合、数値計画をつくるときには行動計画が必ずセットです。それを毎月、やっているかいないかを検証します。問題解決のために、そのチェックを繰り返し行うわけです。もう少し詳しく示すと、次ページの図のようなサイクルになります。

大手コンサル会社と私の顧客へのアプローチのいちばんの違いは、このモニタリング（実行支援）を行うかどうかではないかと思います。実行後に助言し、フォローを繰り返していくという点です。

大手の場合は一方的にアドバイスし、その結果まではフォローしないと思います。これはクライアントの会社に深く入り込まないと無理なのです。

問題解決のサイクル

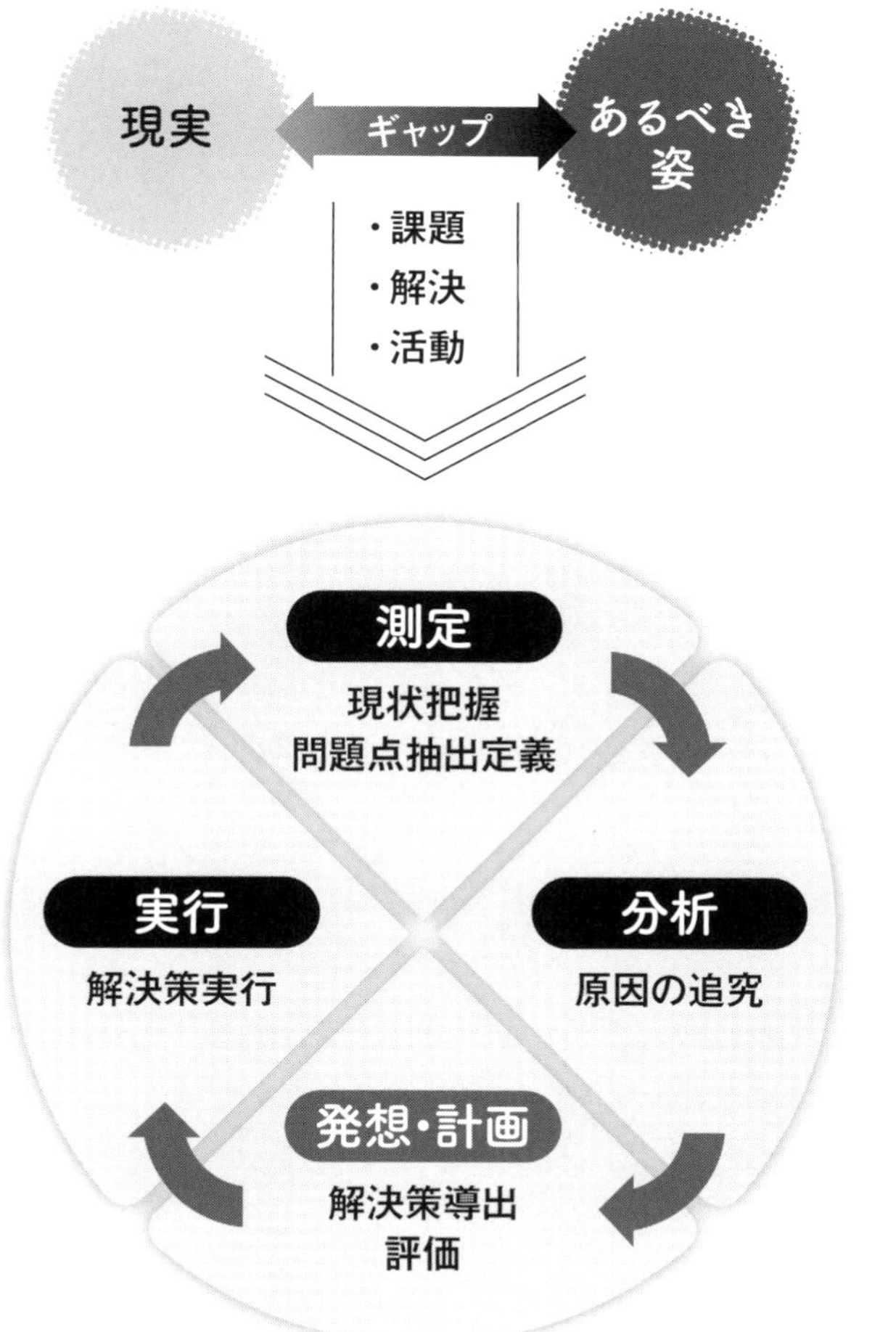
現実
ギャップ
あるべき姿
・課題
・解決
・活動
測定
現状把握
問題点抽出定義
分析
原因の追究
発想・計画
解決策導出
評価
実行
解決策実行

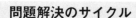

大手コンサル会社では高い料金を払えばいろいろな戦略を提言してくれますが、実際にはうまくいかないというケースをよく聞きます。いくら良い提言をしても、実行するのは企業側の人間です。そこを動かさないと会社は良くなりません。

そして、相手を動かすのが話術や交渉術であり、モニタリングなのです。

もし相手が実行しなかったら、「何でやらんやったと?」と厳しく叱咤します。これまでにできていなかったことを責めるのではありません。教えて、やるべきことがわかっているのに、実行しなかったことに対して叱るのです。相手に動いてもらわないと、結果は出ないので。

「怒る」と「叱る」は違います。私は怒るのではなく、叱ります。もちろん相手の人格を否定するようなことは一切言いません。でも、能力は否定します。「能力がない」というのは、努力や勉強を怠ったということ。それに関しては厳しく追及します。

もちろん、できたら褒めることも忘れません。

うまくいっていない人に共通するのは、ただ「うまくやっていない」ということです。本を読んでも意味がわかっていない人が多い。いくら良い言葉が書いてあっても、読んだ人が本当に理解して咀嚼して自分のことに置き換えなければ意味がない。社長が本で読んだ知識を従業員に話しても、「きっと何かの本で読んだんだろうね」と簡単に見抜かれてしまう。そういうことではダメだとはっきり言います。

報告書より建てつけとフォローが大事

コンサルの仕事で大きな部分を占めるのが報告書の作成です。この報告書一つで高額な費用を取る大手コンサル会社もあります。優秀なコンサルは報告書で判断され、まるで報告書だけが成果のようです。

たしかに、質の高い報告書を書けるようになることはコンサルを目指す人には大切です。しかし、私自身は報告書をあまり書きません。そこが他のコンサルとの大きな違いです。報告書に書くようなことは会議などで喋りまくります。

初めに資金繰り表やさまざまな計画書などをつくりますし、そのフォローアップでは自分の持っているコンテンツを出したりしますが、報告書をいちいち出すということはしません。

行政の仕事では報告書をたくさん書かされがちですが、私は報告書を書く気はさらさらない。報告書を読んでもらうより、会議などで喋って動機づけをして体を動かしてもらったほうがいいと考えていますから。

私の場合、初めに計画書など〝建てつけ〟をやってしまって、あとはフォローに集中します。計画を実行してもらうことが最も重要。そのために会議を仕掛けたり、店長を集めて会議をやったらどうですかと提案したりはします。

もちろん、必要な場合は最初にきちんとした報告書を書きます。そこに一切、手抜きはしない。それでも、これまでのひな形などコンテンツがあるので、普通の人の半分の時間でつくれます。だから、経験を積むことが大事なのです。

先日も100ページ以上の報告書をつくりましたが、経営者が「これは宝物にします」と言ってくれました。そのくらいのボリュームと内容なら報告書だけで300万円くらいの価値はあるでしょう。でも、私の場合は月ごとの顧問契約なので1か月に何回ヒアリングをしても、膨大な報告書を書いても金額は変わりません。総額でも100万か200万のレベルです。しかし、受けた依頼については相手の期待以上の成果を出すことが絶対に必要です。それが営業にもなるのです。

ときには相手に大きな決断を促す

企業の経営者には二面性が必要です。優しさと厳しさです。社員やまわりの人たちに対して、あえて厳しい顔と優しい顔を使い分けて接しなければならない場面があります。ところが、中小企業の経営者はなかなかそれができません。優しくて甘い社長が多いのです。

社員を叱ることができない。それが中小企業のいちばん悪いところです。それは裏返せば、社長が自分に自信がないからです。だから、社員になかなか厳しい面を見せられないのです。

一方の社員のほうも、経営者にモノを申せる人がなかなかいません。小さな会社でも社長に苦言を呈することのできる社員はそうそういない。だから、代わりに私がストレートにボロクソに言うわけです。

経営者というのはなかなか人に相談をしません。孤独だし、できないのです。見栄やプライドもあるでしょう。

本当は危機的な状況なのに、「老舗だ」と思われている会社の社長と話していると、「まわりは大きな会社と言うけれど、内情は火の車なんですけどね」と愚痴を言う。「うん、おまえの会社は腐ってる」とはっきり言うと、そう言われることが嬉しいようです。コンサルは、クライアントに対してあえて厳しいことを言わなければなりません。もちろん、非難することが目的ではない。相手を動かすためです。ときには厳しい経営判断を迫ることも必要です。

こんなケースがありました。

17店舗を展開していて、年商55億円ほどあるクリーニング店で、赤字経営が続いていました。

私は不採算店5店舗を順次閉店させました。それ以降は、他の部門の売上を伸ばし、5期連続黒字となり、銀行との取引も正常化しました。

このクリーニング店の社長は、某中小企業支援機関の担当者とウマが合わず、また何度もきついことを言われたらしく、私の前で悔し涙を流していました。

他にも、大きな取引先をあえて切らせた例もあります。

経営者にいちばん求められるのは決断力だと思いますが、それができない人が多いです。

赤字で銀行への返済もできないような危機的状況に陥っていた会社がありました。ある税理士さんから返済猶予のために経営改善計画をつくってほしいとの紹介があってコンサルがスタートしたのです。

その会社には、粗利がまったく取れていない取引先がありました。そこは売上が年1億円ほどある大口の取引先でした。私は、「不採算の取引は切ったほうがいい」とアドバイスし、その取引先とのつき合いをやめるよう勧めました。

社長は最初すごく悩みましたが、英断でそこを切ることにして、他の取引先は一斉に値上げをしました。当時、消費税が5%から8%になる時期で、それに便乗して一気に値上げをしたのです。そして1、2年後、その取引先を切ったことで減った1億はすぐに取り戻すことができました。

それだけではありません。3～4年で業績はV字回復を果たしました。今期の売上は5億で、現預金が1・5億近く貯まりました。いまでは銀行から「借りてくれ、借りてくれ」と言われるまで経営状況が激変したのです。

この会社の社長はこれを機にいろいろ勉強し、いまでは自分で管理指標を自由につくれるようになりました。

社長は「言われた通り、当たり前のことを当たり前にやってきただけなのに、なぜこんなに成功しているのか自分でもよくわからん」と言います。こういう会社もあるのです。

重要なのは、クライアントの会社の問題の核心を見抜き、改善のための提案をし、そして実行させること。「社長、絶対に大丈夫だから」と言って決断を促すのです。

難しいことをわかりやすく伝えて理解させる

大手コンサル会社を入れたことがあるという中小企業に、私がコンサルに行くこともけっこうあります。大手とどこが違うか。まずは値段が違います。当然です。それと、大手コンサルからは難しいことを言われるようなのです。

私の考え方はものすごく単純です。

クライアントに「売上ってどういう構成だと思いますか?」と質問したりします。売上は基本的に、単価×数量です。

女子社員には「ディズニーランドに行ったことある？　好きな人は何回も行くよね」と質問する。リピートです。つまり、単価×数量×リピート。

「数量を増やす、単価を上げる、回数を増やす。そうすれば売上は上がるよね。値下げすると売上は減るよね」ということに気づかせていくのです。

もちろん、誰でも知っていることです。だけど、それを自社の商売に落とし込むことがなかなかできていない場合が多いのです。そういったことをホワイトボードに簡単な絵を描いたり図表にしたりしながら説明していきます。

そして、売上を上げたいのであれば、数を増やす、単価を上げる、リピートしてもらう。「そういう計画を個別に立てなさい」と指導していきます。

また、いくつかの事業を展開している会社で、事業所や店舗が複数ある場合は、それぞれの店舗の採算が合っているかどうかも当然検証していって、伸びしろがなくて赤字を垂れ流しているような部門があれば、「そこは閉鎖しましょう」と持っていく。そうすれば、必ず黒字になります。

赤字の商品や不採算部門があればやめればいい。利益を出すためには原価は低いほうがいい。単純な話です。

多くの中小企業はそのへんが大雑把です。商品別の分析などもできていません。うまくいっていない会社に共通するのは詳細な分析をしていないことです。

だから、当たり前のことを教えて実行してもらえば、簡単に成果が出るのです。全然、難しいことではないのです。

クライアントの社長や社員によく話すのは、「成功している人と成功していない人の違いは、やっているかやっていないかだけなんだよ」ということです。やって結果が出ればそれを継続すればいい。ダメだったら反省して修正すればいい。シンプルな話です。

私は、難しいことを難しく言う人は優秀ではないと思っています。難しいことをわかりやすく説明できるのがプロです。

そして、「これをやったら結果が出そうだ」と相手に思わせることが大事です。そう思えば人はやろうとするのです。

ただ、中小企業の場合はないない尽くしです。ヒトもいない、カネもない、モノもない。だから、やらないということも理解できるわけです。

ある会社で、他の企業を参考にしてアクションプランをつくってもらったところ、やらなければならないことが整理できました。でも、経営者や社員の反応は「でも、全部はできないよね」というものでした。

そういうときは、「優先順位を決めて、一つ一つできるところからやればいい」とアドバイスします。要は、整理してみることが大事なのです。それでやるべきことに気づかせていくわけです。

相手を追い詰めて動かすこともある

序章でもお話ししましたが、私はあえて経営者をめちゃくちゃ怒らせたりすることもあります。それは「見返してやる」という強い気持ちを起こさせるためです。

「おまえ、このままでは会社は潰れるかもしれんぞ！」とバーンと叱って、相手の反発を刺激するようなやり方をすることもあります。

怒りという感情は大事です。だから、あえて怒らせる。私に言われてボロボロ涙を流した経営者も何人もいます。そして、「その悔しさがあれば大丈夫」と相手を勇気づけます。

最近、あるテレビドラマの中で俳優が経営者役に〝死ぬこと以外かすり傷〟と表現したシーンがありました。このような言葉も、経営者のタイプに合わせて使ったりもします。

経営が苦しい会社は、銀行にモノが言えず、一方的に「ああしろ、こうしろ」と言われるがままになっていることも少なくありません。

そこで私は「逆にあなたたちが金融機関だったら、こんなボロクソな会社に誰がカネを貸すかね」と刺激して怒らせる。そして、「いずれは見返してやろうぜ」「倍返しはしきらんけど、半返しならあんたらでもできるよね」とけしかけるのです。

また、考え方の変わらない役員を「全員解任」と言ったこともあります。

その会社は同族会社で、経営者以外はナンバー2以下、取締役のレベルでは変わろうとしていなかった。だから、社長に「会長以外は全員、解任しろ」と。

もう4年ほど関わっている会社ですが、このコロナ禍で売上が激減したのです。それを「災い転じて福となす」ではありませんが、会社変革のチャンスととらえろと言っています。そういう会社は多い。結局、環境が激変しないと人間はなかなか本気で変わろうとしないのです。

業績の悪い会社に対して、経営者を替えることやM&Aを提案したこともあります。

実際、人間の性格は本当のところ変わらないので、経営者に向いていないのに社長をしている人もたくさんいます。でも、中小企業の場合、連帯保証人制度の問題もあってなかなか経営者を替えることができない。

だったら、「他の会社に買ってもらったら」という話をするわけです。

都会であればM&Aについて認識がありますが、田舎では認識が弱く、そういう選択を考えたことのない経営者もたくさんいます。

ただ、私がやっているのはヒント出しなのです。本気でM&Aを勧めているわけではなくても、あえて「こういう方法、こういう考え方もあるよ」ということを示して気づかせているのです。

いざというときの選択肢が広がると可能性が開け、楽になるということはあります。

だが、そこで私はまた相手を奈落の底へ落とします。

「だけど、こんな財務の悪い会社は誰も買わないよね」と。

そして、「経営状況が良くなるように持っていこう」と促すのです。厳しいことを言うのは考え方を変えてほしいからです。

開き直るというのも大事です。「人間なんて一緒だよ」と思うと楽になる。社長たちも同じです。開き直れば「何とかなるんじゃないの」という考え方になる。うまくいっていない会社の共通項は、社長が高学歴で、まじめで深刻になりすぎることです。学歴が高く、まじめに考えすぎるのです。

「もっと、不まじめになれ」と言うのですが、性格もあってなかなか変われません。コロナ禍で業績不振に陥っている会社も少なくありませんが、「何とかなるだろう」という楽観も必要です。

何よりも相手の会社のことを真剣に考え抜く

くり返しになりますが、私は「厳しいコンサル」ということで通っているようです。生まれながらの性格もありますが、正義感が強すぎるし、本音をつい口に出してしまう。それは長所でもあり欠点でもあります。

しかし、クライアントに厳しいことを言うのは、相手の会社に良くなってほしいという思いがあるからです。収入だけが目的なら、コンサル契約さえ成立すれば、あとは当たり前の指導をして報告書など成果物だけを提出しておけばいい。顧問先が良くなろうが悪くなろうが知ったことではない。

それは教え子たちに対しても同じです。成長してほしいから厳しく指導する。その思いがなければ、通り一遍のことだけを教えて、あとは放っておけばいいわけですから。

でも、私にはそれはできない。関わったクライアントの会社のことを真剣に考え抜いて、絶対に業績を回復させないと自分の気が済まないのです。

厳しいアドバイスに対して、最初は相手も反発を感じることもあるでしょう。でも、根気よく納得させていく。そして、できないことでもできるように仕向けていく。

とくに、企業再生コンサルティングのケースでは、ほとんど破綻状態の企業を何とか立ち直らせることが求められます。きれいごとでは済みません。場合によっては、冷徹な提案もすることになります。

でも、根底にあるのは「何としても良くなってほしい」という願いです。

そういう強い思いが伝われば、相手も必ず動きます。

4

第 4 章

経営コンサルを続けるために大切なこと

コンサルで独立開業するメリット

独立して一人で仕事をしていきたいという人にとって、コンサルビジネスを選ぶことにはいろいろなメリットがあります。ざっと思いつくままに言っても次のような点が挙げられるでしょう。

①一匹狼でもやっていける

コンサルビジネスは一人でも始められます。とくに私のように地方で開業するのであれば、そのニーズも高いでしょう。社員を雇う必要もありません。ただし、誰にも頼れませんから、自分一人で結果を出していかなければならず、コンサルとしてのレベルの高い実力、スキルを身につけておく必要があります。

②安定した収入を得られる

コンサルの仕事の形態・種類にもよりますが、顧問契約や一定期間のコースでの契約が取れるようになれば、継続的に収入を得ることができます。ただし、これももちろん実力次第です。

③利益率が高い

物販や飲食など多くのビジネスがモノを仕入れて売るという形態ですが、コンサルには仕入れ代はかかりません。在庫を抱える必要もない。もちろん、一定の経費はかかりますが、利益率はほぼ100％です。

④少ない初期投資で開業できる

コンサルは設備に投資したり、在庫を仕入れたりするビジネスではありません。自宅を事務所にして個人事業主として開業するのであれば、開業資金は少額で済みます。必要なのは名刺代くらい。

もちろん、独立した事務所を構えたり、ホームページを制作したりする場合はその費用はかかります。株式会社を設立するのであれば、30万円程度かかります。

初めての仕事の結果は何よりも重要

序章でもお話ししましたが、コンサルの仕事でいちばん難しいのは「集客」です。とくに、駆け出しのコンサルにとって、どうやって仕事を得るきっかけをつくるかは死活問題です。

集客の方法はいろいろと考えられるでしょう。積極的に営業をかけていくのも一つの手です。

その手段としては、紙媒体のチラシ・パンフレット、ホームページをつくって自分の魅力をアピールする、ブログの活用、ポータルサイトへの出展、ネット広告の利用、人脈づくりのための交流会参加、個別訪問営業などがあります。でも、営業をかけて運良く顧客を得られたとしても、実力が伴っていなければ仕事はスポットで終わってしまいます。

コンサルとして仕事を続けていくためには、こうした営業活動よりも重要な集客のポイントがあります。

それは当たり前のことですが、実績を出していくこと。とくに、「初めての仕事で確実に結果を残す」ということです。

そこで結果を出せば、次の紹介につながっていきます。ただし、そのためには金額以上の仕事をすることが最低条件です。

私は仕事の依頼を受けたら、どんなに報酬が安くても絶対に手を抜かないし、相手の想定を上回る結果を出そうと常に心がけています。

この仕事はなめられたら終わりです。手を抜いたら、相手は文句こそ言わないかもしれないけれど、もう二度と仕事のオファーはしてこないでしょう。

仕事をしていく上で大切なのは、相手の期待をいい意味で裏切ることです。

たとえば、相手から依頼のあった成果物の提出期限が設定されていたら、その期限よりも少し早く提出するといったことが大切です。こうした積み重ねが信頼感につながり、信用に結びついていくのです。

そして、この業界では他者からの「評価」が生命線です。

どんな仕事でも期待以上の成果をクライアントに提供できれば、それが評価されます。

その評判が噂となって広まっていくこともあるでしょう。

そして、「この人は優秀だから契約したい」というオファーが舞い込む。みんな、そうやって仕事が広がっていくのです。

チャンスはどこに転がっているかわかりません。だからこそ、絶対に手を抜いてはいけないのです。

プラスの評価より、マイナスの評価のほうが早く広まっていくと考えておいたほうがいいでしょう。とくに、田舎のほうがクチコミは怖いですから。

教え子には、「とにかく風穴を開けないとダメだ」と言ってきました。最初の仕事をやり切ることで、そこから広がっていきます。まさに最初が肝心。1社目がダメだと、次につながらないのです。

若いときは尖っていても構わない

コンサルとして独立したいという思いを持つ若者も少なくないでしょう。

最初からフリーランスを目指すことを否定するわけではありませんが、できれば前述したように、ある程度の規模のコンサルティングファーム（コンサル会社）などにいったん勤め、仕事のノウハウを学んでから独立したほうがいいと思います。

ただ、その場合に気をつけなければならないのは、「最初に入った企業で教えられた手法に人間は染まってしまいがち」ということです。一つのパターンにとらわれずに、広い視野を持って、常に知識のアップデートを心がける必要があります。

あくまでも一般論ですが、コンサル会社で3年くらい経験を積めば、独立できるだけの実力を身につけることができると思います。優秀な人であれば1年でも大丈夫でしょう。

若くして独立を考える人たちの中には、いろいろなタイプの人がいると思います。

腕に自信があり、最初からフリーランスを目指している人、会社でうまくいかなくて飛び出してしまう人など、きっかけはさまざまでしょう。

若くて尖った人でも、そういうキャラクターを逆手に取って訴えていくやり方もないことはない。そういう人を面白がるお客さんも世の中にはいるでしょう。しかし、実力が伴っていなければ意味がありませんし、支援者がいなければきついと思います。

実際、若くても能力の高い人はたまにいます。だけど、そういう人は上から目線になりがちです。頭が良すぎて、上からモノを言うような雰囲気のある人が少なくありません。

「こいつは優秀だな」と思う人はときどきいますが、何となく鼻につく。そういう人に対して私は悪いところは悪いとはっきり指摘します。「注意したほうがいいよ」と釘を刺したこともあります。

ただ、そういうエキセントリックな人でも、多くは年齢とともに丸くなっていくはずです。そのへんがうまく着地できれば、独立して成功するのは決して不可能ではないと思います。

若い人は丸くなりすぎても良くない。尖っていてもいいのです。大事なのはお客さんに認められることです。

実際、ＩＴ長者などはみんな変わった人たちではないでしょうか。それでいいと思います。能力が相当に高ければ、そこは問題ではないと思います。

かつて20代の教え子で、学生時代に中小企業診断士の試験に受かった人がいます。彼はグーグルの扱いに非常に長けていたので、「その能力を活かしなさい」とアドバイスしました。一芸に秀でていることも、コンサルにとって大きな武器になる場合もあります。

一流大卒は中小企業コンサルには不向き!?

中小企業診断士の資格を取ろうとする人は増えていますが、だからと言ってコンサルとして独立しようと考える人は少数派です。私の教え子たちの中でも独立志向のある人は1〜2割でしょう。

もちろん資格を取ったからといって独立できるとは限らないし、独立志向があってもみんな成功できるわけではありません。ただ、「何が成功か」というのは人によって違います。私は収入の話を積極的にするほうではありませんが、コンサルになる動機がお金のためなのかどうかでも変わってきます。

私もお金を稼ぐことは大事だと思いますが、もちろんそれだけではない。自分が成功したと思えればそれが成功であって、他人が「それは成功じゃないよ」と言う筋合いのものではありません。

コンサルが好きだから続けている。それだって立派な成功です。

これだけ先行き不透明な時代に、好きなことをやれるというだけでも幸せなことです。

やりたいことをやれる人生はいい。好きなことをやっている人は、収入に関係なくイキイキとしていますから。

中小企業診断士の資格を取って「独立開業診断士」を目指す人もいますが、多くは「企業内診断士」の道を選択します。診断士の資格取得を推奨する企業も増えています。セカンドキャリアを考えて資格を取得する人も少なくありません。

私が教えた人たちもほとんどが企業内診断士です。それも一流企業に勤めている人が多いです。

将来が不安だから勉強したり、定年後の仕事のためにと考えている人が多いのですが、出世レースにつまずいているような人も少なくありません。超難関国立大学など一流大学出身者も多いですが、一流企業に就職したものの出世競争には負けているような。それで他の道を模索するのです。

一つだけ誤解を恐れずに言えば、超一流の大学を出た人がコンサルを目指すのであれば、中小企業をターゲットにするコンサルは不向きかもしれません。一流大学出身者ということで難しい能書きを垂れる人が多いし、そもそも相手が構えてしまいます。

前述しましたが、中小企業の経営者というのは勉強していない人が多い。これは本当に事実です。

でも、そういう人に、上から目線で頭ごなしに指導しても受け入れてもらえるわけがない。誰でもそうですが、自分でもわかっていることをあえて指摘されると腹が立ちます。そういう心理もわかっていないと、中小企業を相手にするのは難しいでしょう。

一流大学出身者でコンサルを目指すなら、むしろ外資系などのコンサル会社に就職したほうが活躍の道は開けるのではないかと思います。実際にそういう人は少なくありません。

もちろん言うまでもありませんが、例外はあります。決めつけているわけではないことをご理解ください。

独立する前にはお金を貯めておく

コンサルとして独立開業を考える人の多くが、おそらく「起業して収入を増やしたい」と考えているのではないでしょうか?

では、独立開業すればサラリーマンなどをしているときよりも収入はアップするのでしょうか？

コンサルとして独立したからといって、必ずしも高年収を実現できるわけではありません。起業したコンサルでも会社員の平均年収と同じくらいの人もいれば、力量次第では何千万円という年収を得ることも可能です。

しかし、高収入を得ることができているコンサルも、1年目から高い収入を上げられたとは限りません。何年もかけて収入が安定するようになったケースがほとんどでしょう。

では、コンサルとして独立してやっていける年収というのは一体いくらぐらいなのでしょうか？

最初のうちは年収500万円を目指すのが妥当だと思います。そして、1000万円を超えれば一人前でしょう。あとは努力次第です。独立開業診断士の場合、成功とされるのは一応3000万円クラスと本などには書いてあったりします。

私の教え子のところに行政を通してある会社のコンサルの仕事の依頼があったそうです。行政でアドバイザー制度というのがあり、それは1回2時間以上のヒアリングを5回やるという仕事です。1回の料金が3万円。5回で15万円です。

いろいろな報告書をつくったりすることを考えれば、1回3万円では安すぎますが、頼まれて引き受けたそうです。計画書をつくってくれと言われたそうですが、「お金をいただくということで相当にプレッシャーがかかった」と言っていました。

それも経験です。金額はいくらでも、「相手の期待に応えるためにはどのくらいのレベルで書かなければいけないかと考えて、非常に勉強になった」そうです。

その会社からは「良かったです」と評価され、また行政から依頼が来るようになりました。それで「自分も認められたんだな」と思ったそうです。

参考までに私のケースもお話しましょう。

私が顧問契約をしている会社のコンサル料は、会社の規模や時間数にもよりますが、1社5～20万円の間です。仮に1か月5万円とすると、10社で月50万円、年間600万円になります。

でも、1年目から10社の契約を取るのは難しい。だから、3年くらいかけてこのレベルを目指す。1年目は100万円なのか、200万円なのか。自分の目指すスタイルに合わせて目標金額を設定していくのがいいでしょう。

いずれにしても、最初は赤字になる可能性が高いので、独立する前にお金を貯めておくことをお勧めします。

なお、コンサル料は都会と田舎ではかなり差がありますし、地域によって違います。福岡では月1日訪問で5～10万円程度ではないかと考えています。東京の金銭感覚を10とすると、福岡は半分くらいではないかと思います。東京の相場はだいたい月15万円。大手コンサル会社になると月20～30万円と言われることが多いようです。中小企業診断士の資格を持ってコンサルをやる場合、福岡の相場はせいぜい6～7万円だと思います。

仕事を増やしていくための手立て

弁護士などでも同じですが、コンサルにとっていちばん難しいのは営業です。この仕事は成果がなかなか見えにくい。見せられる〝ブツ〟がないのです。そして、〝私〟という個人を売らなければなりません。

お客さんの側でも、コンサルを見て、その人にどのくらいの価値があるかなどわからないでしょう。だから営業が難しいのです。

私が独立した人にまず勧めるのは、行政などの窓口へ行くことです。もちろん紹介もします。ただ、そのためには紹介してもらえるだけの人間になっている必要があります。

「まず行政に行け」というのはなぜか？

企業が補助金や助成金の申請をする際の支援をする仕事を依頼してもらえる可能性が高いからです。補助金や助成金の申請は手続きが面倒です。だから、これを誰かに頼みたいという企業のニーズは高いのです。

独立開業したコンサルの最初の仕事として、この「補助金申請サポート」はお勧めです。

腕が良ければ、そこから広がっていくはずです。

いきなり銀行に営業をかけても、ハードルが高いので難しいでしょう。まずは行政からです。

前述したように、営業のためにＷｅｂを活用するのもいいでしょう。ありとあらゆる手段で自分を売り込まないといけないと思います。

友人・知人に独立したことを知らせておくことも大事です。でも、みんな自分たちの仕事が忙しいので、「紹介してよ」と言っても普通は期待できません。紹介者だってカネが動かないことには紹介などしません。だから、知り合いがなかなか紹介してくれなくても耐えられるメンタリティも要求されます。

ただ、私の場合、自分の友人や仲間に「紹介してくれ」と言ったことはありません。人間関係を崩すのが嫌だからです。「独立します」という挨拶はしましたが、お客さんを紹介してくれと言ったことは一度もない。恩師にも頼んだことはありません。すべて、仕事で知り合った人から実績を評価されて広がっていきました。

仕事などで出会った人の名刺も大切にしたいものです。いまはデジタルでいろいろな方法があるようですが、相手からもらった名刺の管理はしっかりしておきましょう。その人がどういう人かを覚えておくことも大事です。ときどき挨拶に行くのもいいでしょう。

もちろん、名刺交換をした人を訪ねても、ほとんどの場合は「あ、そう」で終わるでしょう。確率は低い。だから、10人より100人、100人より1000人に声をかけたほうがいい。そういう努力は絶対にしなければなりません。

コンサル会社に勤めていて、そこを辞めて独立する場合に、絶対にやってはいけないことがあります。それは、前に働いていた会社の顧問先を持ち逃げするパターンです。これは最悪です。この業界は案外狭いもの。これをやってしまうと一気に信頼を失い、噂も広まり、独立してもダメになります。

逆に、コンサル会社を辞めたけれど、一緒に働いていた上司や同僚が仕事を紹介してくれるような関係があれば理想です。そういう人なら独立開業しても成功するでしょう。

小口でも複数のクライアントとつながる

私自身は、いま現在、常時20社ほどの顧問先があります。新たに入る契約は年に2～3社です。

これ以上、クライアントを増やすつもりはありません。ただし、少し余裕が出てくると、銀行や行政などに「そろそろ空きそうだけど」と軽い感じで伝えておきます。それでしばらくすると依頼が来たりする。そういう関係をつくっておいたほうがいいでしょう。

安定収入を得るためには、収入が途絶えるリスクを減らす必要があります。

ですから、大口の顧客を1社獲得するよりも、小口でも複数のクライアントとのつながりを持っておくことが重要です。

1社から30〜50万円のコンサル料をもらうより、20社から5〜10万円もらうというように、広く浅くのほうがいいのです。そのほうが、「僕を切ってくれてもいいよ」と強気で言えます。

クライアントに苦言を言えないコンサルというのは、切られて自分の収入が減るのを恐れるからです。私は性格的に強気に出られるタイプですが、駆け出しで顧問先が少なかった頃はやはり遠慮するようなこともありました。クライアントが増えてくると、だんだん余裕が出てきます。

会社の規模にもよりますが、いま私は多いところでは月に15万円のコンサル料をもらっていますが、意識しているのは5〜10万円を10〜20社ということです。

重い案件も少なくないので、むやみに顧問先を増やすこともできません。

コンサル料は高ければいいというわけではありません。仮に1件100万円の依頼が来たら、私は断ると思います。相手の要求レベルもそれだけ高くなりますし、他の顧問先の仕事ができなくなるからです。どうしても受けなければならないのであれば、一人では無

理なので何人かサポートを頼むでしょう。

こちらから途中でコンサル契約を辞退した企業もあります。6年関わっていて月に10万円の売上がありましたが、従業員に対する待遇などがまったく変わらなかったことに業を煮やし、「もう辞める」と宣言しました。

仕事を断ることも有効な営業になる

フリーランスの仕事というのは不思議なもので、欲しがる人のところにはなかなかやって来ません。

私は平気で仕事を断ります。欲しがらない。そこはよく驚かれます。

私の仕事でいちばん無駄な時間は移動にかかる時間です。いまはだいぶテレワークが浸透しましたが、基本はやはりフェイス・トゥ・フェイスでの会議などになります。

私は移動にかかる時間は1時間までと決めています。だから、遠い企業の案件は基本的には受けません。

依頼されて何でも「できます、できます」と受けてしまうと、身動きが取れなくなります。収入の不安定さに対する焦りから、何でも仕事を受けてしまうコンサルも少なくありませんが、そういうコンサルほど儲かっていないケースが多いです。

フリーランスは自分の身一つしかないので、仕事を断る勇気は必要です。自分のキャパシティを超えてしまうと、成果物のクオリティが低下して、結果的に顧客に迷惑を与えてしまう。それで業界内での評価が下がってしまい、次の発注が来なくなるという悪循環に陥るリスクもあります。

私は、仕事の依頼に対して、先延ばししてもらうこともよくあります。同時に2社からの依頼が来たりすると、「1~2か月待ってください」と。それはしょっちゅうあります。

とくにセミナーの依頼で多いです。以前は経営者向けのセミナーや講演なども多く引き受けていましたが、そこから顧問契約につながったことはほぼありません。セミナー後のアンケートの内容は抜群に良くて、主催者は喜んでくれるのですが、その後に依頼が来たのはいままでに1件しかないと思います。講演が終わるといろいろな人と名刺交換をするのですが、それだけで終わることがほとんどです。

仕事を選ぶことも必要ですし、受けたい仕事でもすぐに着手できないのであれば、きちんと事情を説明して先延ばししてもらえるよう交渉することも大事でしょう。

年賀状を書く相手が増えるのは喜び

とくに自慢するようなことでもありませんが、私はお世話になった方々に対して、毎年、年賀状をきっちりと出しています。仕事関係、友人関係合わせると２００人以上には出しているでしょう。

それも印刷した文面だけで済ませるのではなく、必ず自分で一筆書くようにしています。現在の私があるのは、すべてこれまで出会った人たちのお陰です。その感謝の気持ちを示すのは当たり前のことです。

独立後しばらくして、こんなことがありました。

ある知り合いの銀行の支店長から、「こういう会社があるので、月30万円でコンサルしてくれないか？」という話が来たのです。駆け出しのコンサルにとっては願ってもない話です。

その案件をきっかけに、銀行の支店長や後輩などからの紹介がどんどん増えていき、月に50～60万ほどの収入が得られるようになりました。

それで落ち着いたのです。本当にありがたい話でした。

従妹の会社の経営から手を引いて半年後くらいの話で、独立したもののまったく営業はしていませんでした。

ただ、お世話になった人への年賀状やこまめな連絡だけは絶やさないようにしていました。だから、何かのときにふっと思い出してくれたのでしょう。

暑中見舞いや年賀状を出していると、思い出したように連絡をもらえることがあります。

やはり、つながりというのは大事にしなければならないなと思います。

私は「縁」というものを非常に大事にします。もちろんクライアントには必ず年賀状を出します。

年賀状を書く相手が増えてくるのは、私にとって一つの喜びでもあります。

中小企業をターゲットにしようと考えている人へ

繰り返しになりますが、コンサルとして成功するための手段として、自分の専門分野を見定めてそこでアピールしていくことも効果的です。

営業に特化する。人事・労務でもITでもいい。専門型コンサルになりたいということであれば、それを究めることも大事です。

いま私が入っているある企業は年商3～4億ですが、営業担当が副社長一人しかいません。顧客はたくさんいるものの営業の手が回らないのです。そういう企業であれば、営業で提案する資料をつくったり数字を分析したりするニーズが高い。営業専門のコンサルを目指すのであれば、そういう仕事が突破口になるでしょう。

ターゲットを絞ることもフリーランスにとっては重要です。

私のように中小企業のサポートにある程度特化していくこともいいでしょう。

一般に大企業は大手コンサル会社に依頼することがほとんどですから、フリーランスのコンサルが入り込む余地はまずありません。

一方、中小企業は困っている会社が多いものの、大手コンサル会社の高額な料金など払えませんし、企業再生という案件は面倒なのでコンサル会社も敬遠しがちです。そこに私たちのようなフリーランスの出番があります。

とくに私の場合、お客さんは銀行や保証協会などからの依頼ですから、大手コンサル会

中小企業の未整備な点

① 管理会計・部門別月次決算	⑪ 後継者の育成
② 営業力強化	⑫ 事業承継
③ 経営戦略の確立	⑬ 上場指導
④ 予算編成制度の確立	⑭ 諸規定の整備
⑤ マネジメントの仕組み	⑮ 品質管理
⑥ 業務改革	⑯ 中期経営計画
⑦ 新規事業開発	⑰ 新業態の確立
⑧ 製品・商品開発	⑱ 物流システムの確立
⑨ システムの改革	⑲ 在庫コントロール
⑩ 管理職の育成	⑳ 5S

社とバッティングすることもないし、競合もありません。競争相手の少ない未開拓の「ブルーオーシャン」と言ってもいいでしょう。

コンサルに対する中小企業からのニーズは高いと思います。うまくいっていない中小企業は、そもそも会社の内部環境が整備されていないことがほとんどです。改善しなければならない点がとても多い。コンサルの介入する余地はたくさん残されているのです。中小企業の未整備な点をざっと書き出してみただけでも、上図のように多岐にわたります。

また、中小企業の経営者によってどんな特徴の違いがあるかを知っておくことも、コンサルの仕事をする上で役に立つと思います。

コンサルへの支払いは企業にとってはコスト

コンサルというのは当たり前ですが、その企業に社員として雇われているわけではありません。

ですから、企業がコンサルに払う費用（コンサルティングフィー）は「経費」、具体的には「外注費」あるいは「支払手数料」になります。

つまり、お客さんが私たちに5万払う、10万払うというのはその会社にしてみれば、給料ではありません。従業員であれば、コンスタントに成果を上げていなくとも給与が滞ることは基本的にありません。

しかし、私たちへの支払いは企業にとっては〝コスト〟です。

結果が伴わなければ、そんな無駄なコストを払うと思いますか？

こういうことをしっかりと考えておかなければいけません。知識と経験を広げておかないと、お客さんは私たちにお金をなかなか払ってくれません。

そもそも、コンサルというのはいかがわしいイメージがあります。そういう目があることも十分認識し、そのイメージを払拭するようなきちんとした仕事をしなければならないのです。

私の場合、基本的なコンサル料金の設定は月あたり約5万円です。これは定期的に訪問して、2~3時間のヒアリングをしたり、会議などに参加する料金です。経営改善計画書などをつくるときには別途請求になります。それを加えると、だいたい30万円ほどになります。

そういう話をすると、先方からは「えっ! そんなに安いんですか?」と言われます。何しろ、大手コンサル会社であれば、同程度の仕事で300万円くらい取るわけですから。私の場合、正直、かなり安い。

私が肝に銘じているのは、「お金に困っている会社に行くのだから」という目線です。たとえ5万円でもその企業にとってコストはコストです。コンサルからすれば安いかもしれないけれど、相手にとっては高いだろうなと思ったりもするのです。顧問先に申し訳ないという気持ちを常に持っています。

だからこそ、その金額以上の成果を出さなければならないと思っています。自分でも会社の経営に参加していたのでわかりますが、コンサルなど入れなくて済むのならそのほうがいいのです。コンサルに払うお金があるのなら、社員に多く給料を払ったほうがいいわけですから。

それに、さらに申し訳ないと思うのは、本当に困っている会社ほど、経営状況は惨憺たるものでも、コンサルティングフィーを遅れることなくきちんと払ってくれるのです。ワラにもすがる思いだからです。

これまでに支払いが遅延したような会社はほとんどありません。支払いが遅れるなら、事前に相談してもらえればまったく問題ありませんし、逆に、「少し待てるよ」とこちらから言ったり、減額することもあります。

相手は顧問先ではなく「お客様」だと意識する

コンサルはクライアントから「先生」と呼ばれます。それで勘違いして高飛車な態度になるのは最悪です。クライアントに対して「教えてやる」という高圧的な態度でものを言う人が多いから、コンサルという職業が胡散臭く見られるのです。

相手はあくまでも、「お客様」だという意識で接することが大事です。一方的に指導するのではなく、クライアントの課題に一緒に向き合う。この気持ちを忘れたらコンサル失格です。

実際、私は「顧問先」と言っていますが、気持ちの上では常に「お客様」なのです。だから、相手の会社を良くしようと思うのは当たり前です。

ただ、私は厳しいので有名らしく、「叱ってお金をもらえる職業は他にない」などと言われますが、それはすでに述べたように理由があってのことです。

私の場合、「相手はお客様」と常に意識しているので、相手に不快感を与えないように細かいところまで気をつかっているつもりです。

たとえば、仕事では高級車に乗らないということ。私は車を2台保有していますが、お客さんのところへは必ず安価なコンパクトカーのフィットで行くようにしています。

また、服はスーツではなく、全身ユニクロです。

クライアントには建設業や運送業、肉屋さんなどいろいろな業界の会社がありますが、中小企業の社長たちは、スーツよりもラフな格好で来てくれたほうが喜ぶのです。

もっとも、4~5年前まではオーダーメイドのスーツを着ていました。いまでは面倒だから格好を気にしなくなりました。もう58歳になって、自信もついてきていますし、見栄もだんだんに気にならなくなってきました。ユニクロで十分なのです。

ただ、身なりは大事です。ユニクロでも質のいいものを着るようにしていますし、靴は一応ブランド物です。これみよがしな物は避けますが、さりげなく、いいものを身につけるようにはしています。

私にはもう贅沢をしたいという気持ちはありませんが、若い人には「身なりにはお金を使え」と言っています。

私はよく「女性にモテるためには」という言い方をしていますが、女性は足元や腕などをよく見ています。いい服を着て、いい時計をして、靴もちゃんと磨いておかないとモテません。

私も昔は、そういうところにずいぶんお金を使いました。

一流のものに触れておくということは大事なのです。

中小企業の社長で、いまは経営悪化して困っていたとしても、かつては会社が儲かって

いる時代もあり、一流の経験をしている人も少なくありません。

経験がないと話が合いません。別に、ひけらかす必要はないのです。会話の中でたまたまそういう私にもそういう経験があります」と共感できるのと、ただ聞いているだけというのとは違います。ニューヨークの様子をテレビで観たのと、実際にニューヨークへ行ったことがあるのとでは違うのと同じです。

私が東京で働いていて良かったと思うのは、かつて上司に連れて行かれたりして、いろいろと一流のお店にも足を踏み入れることができたことです。そういう経験もクライアントの経営者とのコミュニケーションにつながるわけです。

相手とはできるだけフランクな関係を築く

若くして独立したある中小企業診断士を、私のクライアントとの面談に同席させたことがあります。

経験が少ないということもあるのですが、先方の社長から「あの人はまじめで堅そうでしたね」と言われたことがあります。優秀な大学を卒業しているのですが、たしかに堅いのです。どれだけ優秀でも、つき合いにくいコンサルには相手はなかなか本音を話してくれません。

パソコンを使いこなせる若い人は、コンテンツなどをつくることに関しては長けているのですが、お客さんがそれに納得して実行してくれるためには別のアプローチが必要です。

私は、クライアントである経営者とお酒を飲んだり、ゴルフをしたりというフランクなつき合いをします。それができないとこの仕事はダメなのです。

フランクな関係を築いて信頼関係ができれば長くつき合えるし、毎月決まって報酬が入るようになって、収入の面でも楽になります。相手が「いくらでも払いたい」と言ってくれるような関係を築けることが理想です。

残念ながら、そこまで行き着く人はあまり多くはありません。

結局、コンサルの仕事は「コミュニケーション力」というところに集約されるわけです。

大手コンサル会社に就職すればコンテンツづくりなどのノウハウは学ぶことができます。しかし、コミュニケーション力を鍛える教育というのはなかなか受けられないのではないかと思います。

かつて、ある外資系の有名コンサル会社で働いていて、非常に仕事ができるというコンサルを教えたことがあるのですが、私のお客さんとの関わり方や気のつかい方が勉強になったと言ってくれました。たとえば、メールをマメに返信するといった当たり前のことにさえすごく感心していました。

そういうことから考えると、一流のコンサル会社は問題解決の方法や戦略は重視しているものの、相手の懐に入るといった基本的な姿勢の重要性についてはあまり認識していないのかもしれません。

これればかりはケース・バイ・ケースですから、教えられるものでもありません。臨機応変と言うのは簡単ですが、実際にやるのは非常に難しい。これは現場での実践で身につけていくしかありません。

オンラインコンサルでは喋る力がさらに重要

ウィズコロナの時代になり、ビジネスの世界ではテレワークが当たり前のものになってきました。とくに今回のコロナ禍でのオンライン会議であぶり出されたのが、管理職の不出来さだと言われています。

いままでは会議で何も発言しなくても、会議に出席しているだけで何となく仕事をしているような雰囲気があった。でも、テレワークによってそれが通用しなくなりました。

オンライン会議では、喋れるかどうかがとくに重要です。会話をしていると相手の頭の良し悪しがすぐにわかってしまう。

かと言って、オンライン会議でまったく発言しない人がいると、「こいつは何や」という目で見られる。そういう意味で、発言力、発信力がますます大事になってきています。

コンサルの世界も同様です。

最近、「オンラインコンサル」が少しずつ増えてきました。

ビデオ会議ツールやＷｅｂセミナーなどが普及し、オンラインでコンサル業務を行うことが可能になりました。企業からのニーズも高まっています。オンラインコンサルが普及すれば、地方での起業もますますハードルが低くなるでしょう。

私自身は、いまは対面型のほうが多いのですが、オンライン会議アプリを使ってやるのも一つの方法だと思っています。クライアントに会うための移動時間がかからないのも大きなメリットです。

ただし、コンサルにも、これまで以上に話す力や伝えるスキルが要求されるようになるでしょう。

コンサルは50代・60代になって半人前

コンサルとして成功するという目標を達成するには、きちんとステップを踏んで努力していかなければなりません。

教え子たちに自分がつくっているフォーマットなどを見せると、みんな「ここまでやらなければいけないのか!?」と愕然とします。でも、それは一朝一夕でできることではありません。最初は誰でもアマチュアです。

私もずっとここまで積み上げてきて、58歳になってようやくコンサルという仕事が少しずつわかってきたという実感があります。

だから、焦る必要はない。でも、努力だけは地道に続けていかなければなりません。

私たちの仕事は、どんどん箔をつけていかなければならないのです。20代そこそこの若造が私の喋るような内容を話したら、逆にクライアントから「何や、こいつ」と胡散臭く思われてしまうでしょう。

コンサルの仕事は50代、60代になってやっと半人前だと思います。

私も年齢によって、言っていることは変わってきているという自覚があります。だんだん箔がついてきている。私の師匠である中小企業診断士の先生にも、かつてそういうふうに言われました。「経験がモノを言ってくるよ」と。

若いときにはたくさん丁稚奉公をして、経験とともに少しずつ年収も上げていけばいいのです。

その中で自分なりの喜びを見つけていく。その先に誰かの役に立てればいい。そのくらいのスタンスで進んでいってほしいと思います。

独立してうまくいかなければすぐ切り替える

話も終盤にさしかかり、またまた厳しいことを言うようですが、コンサルとして独立してやっていくには向き不向きというものがあります。

もし万が一、独立開業したもののうまくいかなかったら、とくに紹介が来ないという人は、フリーランスはやめて会社員に戻ったほうがいいと思います。そういう選択肢を残しておいてもいい。再就職ができるなら、それはそれでいいと思います。

〝死ぬこと以外かすり傷〟ですから、別に廃業したからといって死ぬわけではありません。いくらでもやり直せるのですから。

本当は、独立するときに自分に向いているかどうかをアドバイスしてくれる人がまわりにいればいいのです。でも、そういう人もいなくて、あるいは自分で気づかないまま独立してしまって、でも自分には向いてないと思ったら方向を変えればいいだけです。

結局は収入の話になるのかもしれませんが、何をしていようとも食べていければいいわけです。

EPILOGUE

終章

私が経営コンサルをやってきて思うこと

「野口さんに会えて良かった」と言われるのが喜び

ここまで、「地方でコンサルとして独立するということ」について思いつくままにお話してきました。

何度も言いますが、中小企業に特化して相手の懐へ飛び込んでいき、思ったことを口に出し、その会社を変えていくという私の仕事のスタイルは、かなり泥臭いものです。コンサルの手本になるようなものではないかもしれません。もっとスマートなやり方もあるでしょう。

でも、これが私の流儀であり、もう何年もこのやり方を通してきたのです。ガキ大将だった子どもがそのまま大人になったような感じですが、自然体でやるのがいちばんいいと思っています。

私は独立して15年になりました。駆け出しの頃は相当ハードに働いていました。でも、最近はそれほど無理してまで働かなくてもいいかなと思いはじめています。

加齢とともに気力、体力もだんだん落ちてきたせいもあるのでしょう。「まあ、このくらいでいいか」という感じになってきました。

基本的に私自身、あまり仕事をしたくない人間なのです。これも矛盾しているのですが、自分の時間を犠牲にしてまでしゃかりきに働きたいとも思いません。

中小企業診断士の恩師には、「野口さんのようなキャラクターであれば、会社をつくって従業員を数名雇えば5000万円とか1億円くらいはすぐ稼げるよ」とも言われました。でも、私は嫌なのです。忙しくなりすぎるのは。

もちろん、頼まれれば一生懸命やりますし、本当に切羽詰まったときには徹夜仕事も厭わない。でも、仕事ばかりしているとストレスになるのです。ゴルフもやりたいし。

こういうスタイルは自然に固まってきたような気がします。

診断士仲間でも毎日遅くまで仕事をしている人はいます。でも、そういう人ほど稼いでないという実情もあります。

余裕を持って働いているほうが、結果的に良い仕事ができるのかもしれません。ただし、これはあくまでも私の場合です。

私は、財務分析などさまざまなコンテンツのひな型をたくさんストックしてあります。

そういうノウハウの詰まった資料には事欠かないので、書類づくりなどにはあまり時間がかからない。そうした成果物の作成などにはあまり時間を割きたくありません。

むしろ私の場合、「言葉で勝負」なのです。お客さんのところへ行って話すことが最優先であり、そのための時間のほうが圧倒的に多いです。

コンサルあるいは中小企業診断士をしていて、私にとってのいちばんの喜びは、お客さんに「野口先生と出会って良かった」と言われることです。

もちろん、その会社の業績が良くなることが先決です。

「この会社を必ず黒字にする！」

私は常にそういう使命感を持って仕事に臨んできました。だから、ときには厳しいことも言うのです。

でも逆に、その会社の資金繰りの状況などを見て、きつそうだなと思えば、自分から顧問料の値下げを申し出ることもあります。コロナ禍のこんな状況にあっても、です。

先日、ある会社から「先生、すみません。ちょっと言いにくいことがあるんですけど……」と相談を受けました。

契約の解除の要請かと思ったら、「いくらでもいいので顧問料を値下げしてくれるとありがたいんですけど」ということでした。

もちろん、値下げしました。私はそういうことはまったくOKです。とくに、財務を見ているからなおさらなのです。相手も、無い袖は振れない。そのことは十分わかっているからです。

お客さんには「売上を上げるために単価を上げろ！」と叱咤するくせに、自分の顧問料の値上げは要求できない。たかが1～2万の値上げでも言いにくい。困ったものです。

結局のところ、私は何よりも人が好きなのだと思います。

仕事を紹介されて、初めての人と会うこともとても楽しい。昔からそうですが、私は人見知りをまったくしないのです。

私にコンサルを頼んでくる経営者などは、たまたま会社の業績が悪くなっているだけで、人間的に悪い人はいません。そういう感覚ですから、私にとってこの仕事は天職だと思っています。

仮に銀行でうまく出世できていたとしても、いまの状況のほうが絶対に幸せだったでしょう。むしろ、銀行時代の挫折が、私の人生が好転する大きなターニングポイントだったとさえ思う。そこで完全に人生が変わりました。

銀行にそのまま残って偉くなっていたとしたら、たぶん嫌な人間になっていたと思います。人好きは変わらないかもしれないが、上から目線がちらちら出るような人間になっていたのではないか……。

私の性格はどちらかというと短気。小さい頃から目立つ人間ではあったのですが、それが良くないほうに作用することもあった。だから、いまのほうが良かったのではないかと結果的に思います。

ゴルフ仲間に「野口さん、仕事は何をしているの？」と聞かれると、私は冗談交じりに「フリーター」と答えます。「フリーターでそんなに遊んでいられるの？」と驚かれます。

実際、フリーターのような感覚です。いまは仕事がうまく回っていますが、フリーランスですから、不安定であることは事実です。いつどうなるかわからない。でも、そういうことは全然苦になりません。逆にサラリーマンにはもう絶対に戻れない体質になってしまっています。

コンサルというのは、相手とのパワーバランスにもよりますが、一般的にスケジュールはお客さんの都合で組まされます。ところが私の場合、すべて自分の都合です。顧問先が合わせてくれるのです。

また、お客さんは私が24時間走り回っていると思っているようです。でも実は、そんなことはない。朝一で仕事へ行くこともほとんどありません。こんなことを書くと、「そうか、わりと暇なのか」と受け取られ、仕事の依頼が増えそうで怖いのですが……。

たまたま実績ができたからこうなったのかどうかは別として、自然とそういうスタイルになってしまっている。本当にわがままに仕事をさせてもらっています。非常にありがたいことです。

中小企業が雇えない人材の代役になる

私がコンサルとして何とか食っていけている理由の一つは、顧客ターゲットを中小企業にある程度絞っていることもあります。つまり、それだけニーズがあるのです。

中小企業はヒト・モノ・カネが不足しています。外部の専門家を使いたくてもカネがないからできないし、経営を立て直すための施策を打とうと思っても、できることとできないことがある。理想論を言っても始まらないのです。

何をやるにしても、結局は「人」です。そして、人を動かすにはカネがかかる。私が会社の経営をやっていたときにも痛感しましたが、優秀な人材を入れたいと思えばカネがかかります。でも、福岡あたりの会社では500～600万円の年収でも払えないわけです。

実は、とくに中小企業の場合、優秀な人材が一人入っただけで組織はガラリと変わります。ただ、ここで言う〝優秀な人材〟というのは単に仕事ができるだけではなく、「郷に入れば郷に従え」ということが実践できる人です。そういう人材を仮に東京から呼べば、800万円以上はかかる。そう簡単に雇うことはできません。

私は、社員ではなく外部の専門家ではありますが、その会社の中にとことん深く入り込む。つまり、経営を立て直すためにその会社に必要な人材の〝代役〟を務めているようなものなのです。

ただ残念ながら、私はあくまでも顧問契約をしているだけで、相手の企業へは月に1、2回しか行けません。だから、時間がかかるというのが難点です。常駐していたほうが絶対に早く効果が上がります。

よくお客さんには「僕が入り込んだら、会社はすぐに良くなると思うんだけどなぁ」と言っています。実際、自分の接触回数が増えるほど会社は良くなると思っています。要は、励ましたり叱ったりという機会が増えないと、改善のスピードが上がらないのです。

でも、私が常駐するわけにはいきません。だから、どうしても広く浅くしかできない。そこが自分の限界だとも思っています。

私の使命はその会社を黒字にすることですが、かと言って多くの回数入ってしまうと、私の顧問料は時間単位なので、相手の企業にとって経費が増えてしまいます。そういうお金はあまりかけさせたくない。でも逆に、行く回数が少ないと業績を上げるのに時間がかかる。そういうジレンマがあります。

「私は福の神だから」と自分で言ってしまう

最近、ぎりぎりのところからの企業再生コンサルティングなど、難しい案件が増えています。

紹介してくれる人から「野口さんしかいない」などと半分おだてられると、大変だろうなと思いながらもつい引き受けてしまいます。

お客さんから「先生、あまり忙しくなって、うちの契約を切らないようにしてね」と言われたりもします。

これらは本当に嬉しい言葉です。

私はこの仕事に大きなやりがいを感じています。大変な会社から難しい案件を任されるときほど、やりがいがあるかもしれません。

いま関わっている仕事でも、メインバンクも初めての経験だと言うほど難しい案件があります。

「こんな重い案件を何で俺に持ってくるの？」

銀行に半分文句を言いながらも、そういう案件ほどきっちり成果を出さなければ気が済まない。生来の負けず嫌いの性格が頭をもたげてくるのです。そうして、結果を残す。すると、また次の案件につながるという寸法です。

契約する前段階でヒアリングや打ち合わせをしている2～3か月の間に、その会社の業績が回復したり業況が良くなったりするケースもよくあります。

社長から「この間、業績が良かったんですよ」という話が出たりすると、「俺は福の神って言われるんよ」と返します。それで「契約してください」ということになる。「貧乏神より勢いのある人とつき合ったほうがいいよ」という話もよくします。冗談めかして言うのですが、これもちょっとした営業トークになっているのかもしれません。

自分で言うのもおこがましいのですが、私も妻も実際に〝福の神〟的なところがあるのです。たとえば、デパ地下に行って試食して、「おばちゃん、これ美味いね」などと喋っていると、いつの間にか後ろに行列ができているようなことがよくあります。

コンサルの仕事でも同じようなところがあります。

これは決して上から目線ではありませんが、「俺と知り合えたのはラッキーよ。俺は福の神だから」とあえて自分で言ってしまう。そうすると、お客さんは喜ぶのです。

これが、一つの「暗示」になるのかもしれません。

ポジティブな発言をする人とつき合うと、それが自分にも知らず知らずのうちに影響し、セルフイメージが高まって物事がうまくいく。これは誰しも経験するところでしょう。

人は自ら思った方向へ動きます。もし、私がその駆動力になれるのであれば、それはとても光栄なことです。

コロナ禍のピンチをチャンスに変える

いま、コロナの影響で売上が7割減、8割減になり、死活問題に陥っている会社もたくさんあります。極端な業績悪化で会社の存続が危ぶまれている会社も少なくありません。

しかし、なかにはコロナショックを経験したことで精神的に強くなり、コロナ禍をプラスにとらえて頑張っている経営者もいます。

私の顧客で、国指定の伝統的工芸品である久留米絣《かすり》を製造販売している会社があります。全国の百貨店にも10数店舗を展開しています。

年商が7億円ほどありましたが、コロナ禍の影響で売上が1億円ほど減少しました。

幸い、コロナ禍でも銀行からの融資は可能でしたが、借入金は返済するどころかさらに増えていきました。

この会社は典型的な同族会社で、それまで業績が順調だったこともあり、社長は成り行きで会社を経営してきたようなところがありました。しかし、これを機に社長は、経営改革に取り組むことを決意したのです。

いちばんの問題は、大量に仕入れた製品を売り切る努力をしてこなかったため、多くの在庫を抱えてしまっていたことです。在庫は2億円以上ありました。そこで私は、仕入れを抑え、在庫を徹底的に減らすよう指導しました。

社長は在庫処分を実践するとともに、資金繰りなど経営の基本的な部分を見直しました。その結果、半年で在庫を3500万円ほど減らすことができ、悪化していたキャッシュフローも改善しました。

社長は次のように振り返っています。

「今回のコロナ禍が発生しなかったら、全社員と危機意識を共有することもできず、自分の会社は終わっていたでしょう。コロナによって危機的な状況を経験できたことがかえって良かったと思っています」

社長は売上が激減することの恐怖を実際に体感したことで、初めて「変わらなければ」と真剣に考えました。そして、コロナショックをプラスにとらえ、自社の改革を断行したことで生き残りに成功したのです。

当分、コロナ禍は続くでしょう。しかし、〝コロナ〟を言い訳にしていても状況は何も変わりません。危機を乗り切るために必死でやるしか道はありません。

人間、火の粉が自分のところに降りかかってこなければ、なかなか変わろうとはしないもの。コロナショックを体験したことで、ピンチをチャンスに変えることができたこの会社の例は、私たちに多くの教訓を示していると思います。

「人生、何とかなる」

流転の半生を振り返って、私がいま強く実感していることがあります。

それは、「人生、何とかなる」ということです。

都銀に入ったときには、辞めるなどという選択肢はもちろんまったく想定していませんでした。でも、挫折して銀行を辞め、コンサル会社で働き、会社経営に携わり、そしていま地方で一匹狼のコンサルとして食っている。

本当に、人生、何が起こるかわかりません。だから楽しいし、面白い。逆に、未来が見えてしまったら面白くないでしょう。

今回のコロナ禍でも、「これは本当にヤバい」と思いました。パンデミックが起こって、地球規模で大不況が起こるのではと恐怖を感じました。

でも、いまはそこまでには至っていない。たしかに感染拡大は起こっているけれど、株価は下がっていないし、政治もあんな状態だけど社会はとりあえず回っているし、人々は新しい生活様式にも慣れて日常を取り戻しつつある。

だから、いま感じているのは「やっぱり、何とかなるね」ということです。医者の仲間も言っていましたが、「ネガティブに考えたら、とてもやってられませんよ」と。

人間って意外と強いと思うのです。

新型コロナウイルスの影響で業績が悪化している会社の経営者も「何とかなる」と言い続けていると、気持ちが前向きになっていくようです。

〝病は気から〟というのも変ですが、要は「気合いと根性」です。私も気合いと根性で、中小企業診断士、コンサルとして中小企業をサポートし続けていこうと考えています。

時代は変遷しながら新しい地平へと向かいつつあります。私たちの人生も同じです。どんな危機に見舞われようと、紆余曲折があっても、必ず次のステージへの突破口はある。そう信じて自分の人生を歩いていきたいものです。

おわりに

コンサルという職業は、人気業種のランキングでは昔から上位にランクされていましたが、最近、より人気が高まってきています。

企業経営もますます難しくなっている時代です。ニーズが高まることはあっても、決してなくなることはない。コンサルという仕事には未来があります。

このコロナ禍で「大副業時代」が幕を開けたと言われています。企業においても、社員の副業を積極的に認めていく動きが一気に加速しています。

実際に、テレワークの浸透などを背景に副業を始める人が増えています。コロナによる収入減を補う目的での副業希望者も少なくありません。

そして、副業としてコンサルを目指すケースも多くなっているのです。

とくに、かかった時間によって報酬が発生する時間報酬制のコンサルであれば、副業としても十分にやっていけるでしょう。

中小企業診断士の資格を取り、副業としてコンサルを始める。そういう選択肢は十分にアリだと思います。

コンサルが副業としても適している理由の一つは、その役割が「問題解決」ですから、本業やこれまでの経験で培ってきたスキルが何らかの形で活かせる可能性が大きいからです。これは脱サラ起業の場合も同じです。

ただし、コンサルになるためには、勉強することが山ほどあるのは言うまでもありませんが……。


とくに地方で独立開業するのであれば、需要と供給のバランスからコンサルのニーズはたくさんあります。一匹狼としても十分やっていける。

このテレワークの時代ですから、どこにいても仕事ができるというメリットもあります。

本書の冒頭で「私の真似はするな」と書きました。実際、よほど能力のある人でなければ苦労するからやらないほうがいいとも思います。

でも、私のように失敗や挫折をくり返してきたバカな人間でも、そこから方向転換してコンサルとして食っていくことができるのも事実です。

コンサルに「経験」は必要です。私の場合、自ら望んだわけではありませんが、さまざまな職業や立場を渡り歩いてきたことで、それがこの仕事に生きているのは間違いありません。

でも、それはたまたま私がそういう人生を送ってきたというだけのこと。

失敗や挫折をしなければコンサルとしてやっていけないというわけではありません。失敗など、できることならしないほうがいいに決まっています。

逆に、どんなに失敗をくり返しても、思わぬところから道が開けて成功に至る可能性もある。

結局、いちばん大事なのは「やる気」です。本当にやりたい人にはぜひ挑戦してほしい。どんどんこの世界を目指してほしいと思います。

コンサルの仕事は、企業の事業展開が順調になるようにサポートすることです。その役割は大きいのですが、企業経営者からしてみると、コンサルは「何をしている人か？」「何をしてくれるのか？」がわかりにくいという側面があります。

ですから、クライアントの信用を得ることが肝心です。

そして、相手に信頼されるために最も重要なのは、くり返しお話してきたように「人間力」です。

とくに、大手コンサル会社の名刺を持たず、独立してコンサルをやろうと思えば人間力を高める不断の努力は必須です。そして、少しずつキャリアと実績を積んで成長していく。それに比例して収入も増えていくでしょう。

ただし、収入だけを目的にしてほしくはない。地道にコツコツとやって食っていければ、収入はいくらでもいいじゃないかとも思います。

本書で述べたように、いちばん大事なのは「最終的に、自分は人生に何を求めるのか?」ということです。

「何だってやればできる」。私がとくに若い人たちに伝えたいのはこのことです。これからの混乱の時代、何が起こるかわかりません。自信を持って生き、自分なりの人生の使命を見つけてほしいと思います。それが私の願いです。

私は、なろうと思ってコンサルになったわけでなく、「流れるままに、何となくなっちゃった」という人間です。そんなコンサルの書いた珍しい本を最後まで読んでいただき、本当にありがとうございました。

本書の内容を好きなように取捨選択してパクり、自分の目標を達成してくれる人が増えたら、著者として最高に嬉しく思います。

経営コンサルタント／中小企業診断士　野口誠司

[著者プロフィール]

野口誠司 のぐち　せいじ

経営コンサルタント／中小企業診断士
ヒューマン・トレジャー・ネット・コンサルツ 代表

1962年、福岡県生まれ。長崎大学経済学部卒業後、大手都市銀行に入行。12年勤めた後、教育系コンサル会社に転職。さらにその後6年、役員として中小企業の経営にも携わり、苦しい状況にあった会社を建て直す。

2005年にそこから独立し、地元福岡県でHTNC（ヒューマン・トレジャー・ネット・コンサルツ）を設立。これまでの経験を生かし、銀行員の視点・経営者の視点・コンサルの視点と、さまざまな角度からのアドバイスができる経営コンサルタントとなる。現在まで、約100社の経営相談、支援を行い、赤字体質だった企業のほとんどを黒字転換させ、多くの企業、金融機関、自治体から厚い信頼を集めている。

コンサルティングポリシーは「明るく、楽しく、元気に」。

福岡県中小企業診断士協会 正会員。金融検定協会 中小企業事業再生マネージャー。福岡県中小企業再生支援協議会 登録専門家。福岡県中小企業振興センター 登録専門家。福岡県事業承継支援ネットワーク専門家。

バカでもなれる経営《けいえい》コンサルの条件《じょうけん》

2021年5月25日　初版第１刷

著　者 ―――――― 野口誠司《のぐちせいじ》

発行者 ―――――― 松島一樹

発行所 ―――――― 現代書林
〒162-0053　東京都新宿区原町3-61 桂ビル
TEL　03（3205）8384（代表）
振替　00140-7-42905
http://www.gendaishorin.co.jp/

デザイン ―――――― 華本達哉（aozora.tv）

イラスト ―――――― ひらのんさ

図版 ―――――― 華本達哉（aozora.tv）

印刷・製本　広研印刷㈱
落丁・乱丁本はお取り替えいたします。

定価はカバーに
表示してあります。

ISBN978-4-7745-1896-1 C0034